ヤマケイ文庫

劔人 劔に魅せられた男たち <増補文庫版>

Hoshino Hideki　星野秀樹

Yamakei Library

剱人 剱に魅せられた男たち 目次

はじめに

人はなぜ、山に惹きつけられるのだろう。

山がもつ個性は、それがそのまま人を惹きつける魅力となる。快適な山小屋、美しい高山植物のお花畑、ヨーロッパやヒマラヤを彷彿とさせる厳しい山容など……。人が普段の暮らしでは得られない「何か」を山に感じたとき、あるいは、他の山にはない、その山特有の「何か」を見出したとき、人は山に惹きつけられる。この「何か」が自分にとって魅力的であればあるほど、他では得がたいものであればあるほど、人と山との関係はより深く交わり始めるのだと思う。そんな山との出会いを経て、人は山に育てられていくのだ。

剱《つるぎ》岳、という山は容易に語り尽くせない山だ。複雑に絡み合う険しい谷と稜、日本海を渡る季節風と多量の降雪。黒部や北方稜線と相まって、その存在は不気味なまでに深く底知れない。それは魑魅魍魎《ちみもうりょう》の住処《すみか》とでもいうべきか。この山塊のもつ形状と、立地が生み出す厳しい自然条件は、そのまま剱岳特有の個性となって人を魅了する。それは、「試練」と言ってもいい。同時に「憧れ」と呼んでもいいだろう。

そんな剱岳が呼び集める人たちは、他の山では出会えないような、何か独特な臭気を発している。単に個性的という存在ではない、「何か」を秘めている。剱岳という特異な山の存在と同様に、熱く、孤高で、厳しく、深く、強い想いがそこにはある。そんな想いをもって剱岳と関わり続け、剱岳に育てられてきた人たちがいる。僕は彼らを、「剱人《つるぎびと》」と呼ぶ。

僕と「剱人」との出会いは剱澤《つるぎさわ》小屋に始まる。伝統ある立山ガイドの流れを汲む佐伯友邦による剱澤小屋は、いわば「剱人」の溜まり場とでも呼ぶべき山小屋。僕はこの場所で「剱人」を知り、剱岳をも学んできた。

そうして僕は、焦がれて剱岳の谷や稜をたどる一方で、魅力ある「剱人」たちを訪ね歩いてきた。山岳ガイド、山小屋のオヤジ、写真家、元山岳警備隊員、そして冬の剱や黒部に通い続ける登山家たち。彼ら「剱人」の語る剱岳は、「雪」や「自然」、「風土」、「創作」、「自由」、そして「生きる厳しさ」といった言葉で表現される。彼らが放つメッセージの一言一言は、剱岳という一つの野生との、生き死にを交えた厳しい真剣な関わりのなかで学び得てきた想いである。それはそのまま彼ら自身の生き様と言ってもいいだろう。そこに共通するのは、大いなる自然に対する謙虚さだ。彼らは山や自然を、自分たちの都合だけで克服・征服できるものではないことを教えてくれている。

劔岳に惹きつけられる「劔人」。特異なこの舞台にこそふさわしい彼らの言葉で、単なる「岩と雪の殿堂」ではない劔岳の魅力をぜひ知ってもらいたいと思うのだ。

猫又山へ
欅平駅へ
N
0
2km
富山県
黒部市
小黒部谷
赤谷山
2260
赤谷尾根
阿曽原温泉小屋
白ハゲ
2388
仙人谷ダム
仙人温泉小屋
大窓
雲切新道
白萩川
池ノ平山
2555
池の平小屋
馬場島へ
池ノ谷
小窓尾根
小窓
仙人池ヒュッテ
仙人峠
上市町
三ノ窓
仙人新道
剱沢
十字峡
早月小屋
早月尾根
剱岳
2999
八ツ峰
剱大滝
下ノ廊下
前剱
2813
源次郎尾根
長次郎谷
平蔵谷
東大谷
黒部別山
2353
白竜峡
壁尾根
別山尾根
剱沢雪渓
真砂沢ロッジ
剣山荘
ハシゴ谷乗越
剱澤小屋
別山乗越
別山
2880
大タテガビン
旧日電歩道
黒部峡谷
立山町
内蔵助谷
剱御前小舎
内蔵助平
雷鳥平
真砂岳
2861
丸山東壁
(関電トンネル)
針ノ木隧道
丸山
2048
だいかんぼう
黒部ケーブル
黒部川
室堂
立山
くろべだいら
くろべこだいら
黒部ダム
扇沢へ
雄山
2992
立山駅へ
2831
浄土山
立山ロープウェイ
立山トンネルトロリーバス
電気バス
黒部湖
五色ヶ原へ
平乃小屋へ

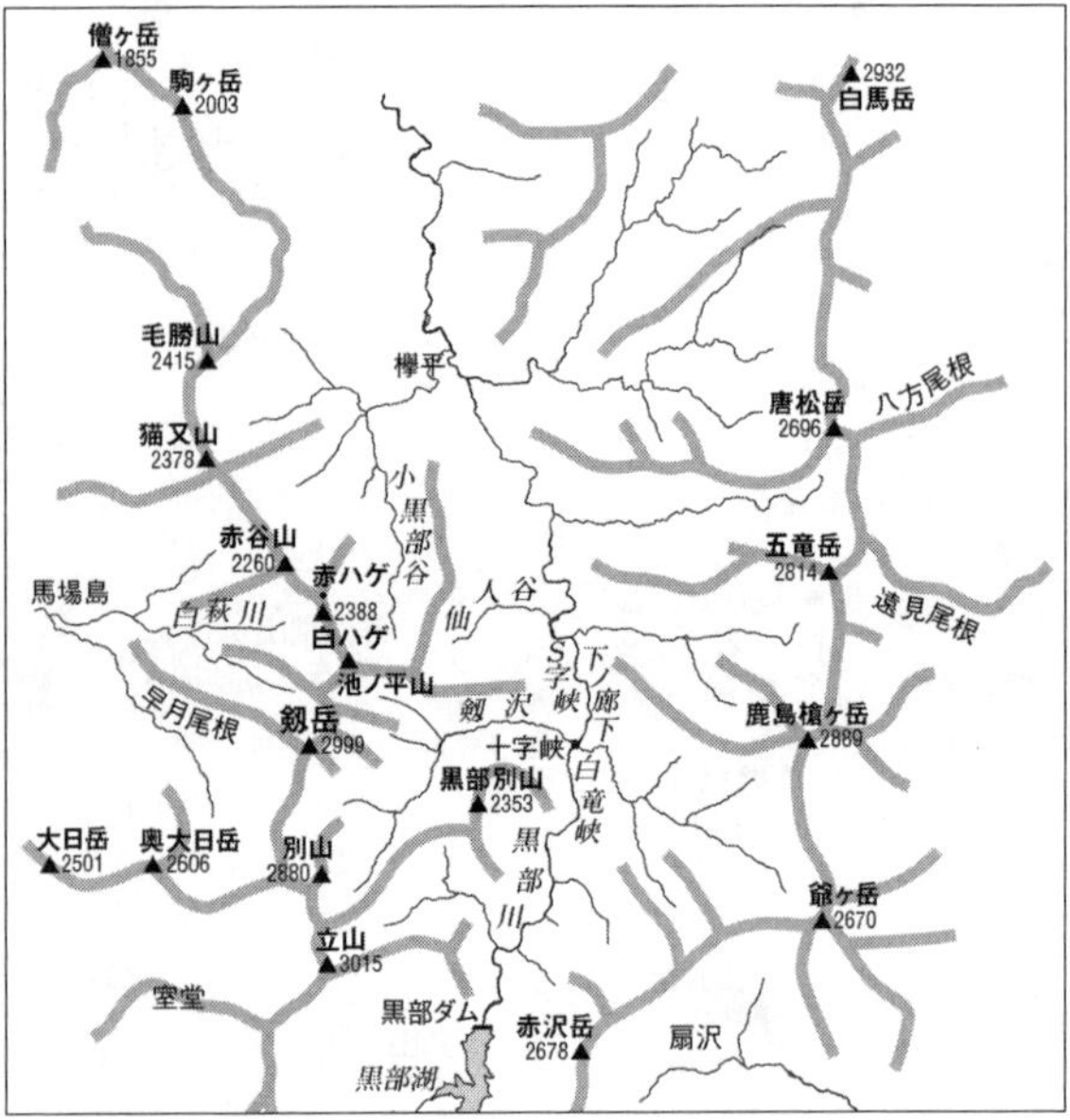
僧ヶ岳
1855
駒ヶ岳
2003
2932
白馬岳
毛勝山
2415
欅平
唐松岳
2696
八方尾根
猫又山
2378
小黒部谷
赤谷山
2260
五竜岳
2814
赤ハゲ
2388
馬場島
白萩川
仙人谷
遠見尾根
白ハゲ
S字峡
下ノ廊下
池ノ平山
剱沢
早月尾根
剱岳
2999
十字峡
鹿島槍ヶ岳
2889
黒部別山
2353
白竜峡
大日岳
2501
奥大日岳
2606
別山
2880
黒部川
爺ヶ岳
2670
立山
3015
室堂
黒部ダム
赤沢岳
2678
扇沢
黒部湖

佐伯郁夫、佐伯邦夫

Profile

さえき・いくお　1935年、富山県魚津市生まれ。56年、魚津岳友会を設立。富山県山岳連盟の創立に携わり、技術担当理事として県内山岳団体の技術向上に努める。59年、小窓尾根厳冬期少人数ノンサポートによる初登攀。剱岳を経て、早月尾根、馬場島下山まで12日間を要した。99年に65歳で同ルートを再登。アムンゼンやナンセンといった極地探検家に憧れて、北欧ノルウェーを数次にわたり訪問。とくに極地探検船フラム号について非常に詳しい。68年、富山駅前に登山用具の専門店「チロル」を創業。共著に『分県登山ガイド⑰　富山県の山』（山と溪谷社）など。山岳カレンダー『立山四季彩』を継続して刊行している。

Profile

さえき・くにお　1937年、富山県魚津市生まれ。兄・郁夫とともに魚津岳友会を設立。会長などを経て、会創立50周年を機に退会。富山県内の中学、高校で教職に就く。教職にたずさわる傍ら、エッセイスト、写真家としても活躍。剱、北方稜線をテーマにした写真集に『剱岳渇仰』『美しき山河』（ともに佐伯邦夫事務所）がある。また、晩年は『ドラム缶のある風景』（桂書房）や写真展「原色枯葉図鑑」といった山以外の個性的なテーマにも取り組む。著書に『会心の山』（中央公論社）、『スキーツーリングに乾杯！』（山と溪谷社）、『渾身の山──わが剱岳北方稜線』『豊穣の山』（ともに白山書房）、『富山湾岸からの北アルプス』（ナカニシヤ出版）ほか多数。2018年、逝去。享年80。

富山県の祖母谷《ばばだに》温泉から白馬《しろうま》岳をめざす三人組がいた。高校一年生をリーダーに、2人の中学生のパーティ。しかし、テントと缶詰で膨らんだザックに足取りは重く、メンバーのなかにはバテ始めるものも現われる。結局、目標の白馬岳はおろか、その手前の清水《しょうず》岳にも届かずに、再び、もと来た道を祖母谷へと下っていった。これが佐伯郁夫と邦夫の初めての登山だった。のちに、登山家として、ガイドとして、さらには作家として、劔岳と北方稜線《ほっぽうりょうせん》の山々と長く付き合うことになる、佐伯兄弟の登山人生の始まりだった。

＊

毛勝《けかち》三山、駒《こま》ヶ岳、僧《そう》ヶ岳。劔岳から北へ延びる山脈を背後に抱く富山県魚津《うおづ》市。これらの峰々から流れ下る水は片貝《かたがい》川となり、水源からわずか30㎞にも満たない距離で日本海へと注ぎ込む。山が果て、海に臨む街、それが魚津の印象だ。ふるさとの山と海、それをつなぐ川。そんな自然に恵まれた街。ここに、北アルプスへと続く裏山に遊び、学び、育てられ、長く登山家人生を歩んできた兄弟がいる。兄、郁夫。弟、邦夫。もし、劔岳と北方稜線周辺の語り部とも呼ぶべき人間がいるとするならば、この佐伯兄弟をおいてほかにはいないだろう。長く地元に根付いた登山活動。山を通じた幅広い人的交流。情報発信や作家としての活動。そして二人がもつ記録、記憶、思い出。剱岳や北方稜線という同じ土俵に立ち、長い間この山々と関わり続けてきた佐伯兄弟。

そんな二人の生きてきた時代を少しでも垣間見てみたい。二人の言葉から剱岳の魅力を感じ取ってみたいと思うのだ。

＊

「黒四トンネルのない時分には、東京から来る連中は、ずーっと長岡を経由してこっちへ入ってきたんだから、あの人たちは偉いよ。じゃあ、俺が丹沢《たんざわ》へ行ったことがあるかって言ったら、ねえよ。つまりここは（剱に）近いからさ。金もかからねえし」

剱の魅力について尋ねると、郁夫はこう答えた。近いから。かつては未舗装路の道を馬場島《ばんばじま》まで自転車で通ったという郁夫にとっては、「やっぱり近い裏山だよ」ということになる。でもそれだけでは、剱に通い続けた理由にはならないはず。山

岩と雪の人生を歩んできた佐伯郁夫にとって、剱は「近い裏山」

岳会をつくり、登山用具店を経営し、ガイドブックやカレンダーを発表しながら、近い裏山に彼を通わせた力はなんだったのだろう。

最初に述べたように郁夫の最初の登山は、高校一年生の白馬行きだった。そのきっかけは、母親が師範学校時代にしたという立山《たてやま》登山の話に興味をもったから。

「俺も山へ行ってみよう。だけど立山だと母親が行ってしまうとるから、俺が行けなかったら笑われる」

と考えて、行き先を祖母谷から白馬岳へと決める。メンバーは邦夫とその友人だ。当時、邦夫は郁夫の「パシリ的存在」だったというから、郁夫が「山へ行くからついてこい」と言えば、ただただ従うしかなかった。

「計画から何やら、全部こっち（郁夫）が好き勝手に決めてしもうて、邦夫はなんで白馬かもわかっていない。行くぞ、お前らついてこい、の一言で」

その白馬登山は途中敗退となるが、郁夫の山への興味は終わらず、翌夏、再び邦夫を伴って立山をめざす。まだアルペンルートという発想すらなかった1952年のこと。当時の富山地方鉄道の終点粟巣野《あわすの》から歩き始めて、雄山《おやま》、五色《ごしき》ヶ原、立山温泉を三泊四日で巡った。そしてこの山行がきっかけとなり、郁夫は高校二年の二

登山家としてのみならず、エッセイストとしても活躍する佐伯邦夫

学期から魚津高校山岳部に入部した。

当時、魚津高校山岳部は先鋭的アルピニズムのもとに、「劔で初登攀をする」ことを目標に超高校級の活動をしていた。その一種過激ともいえる思想はどこからきたものなのか。

「劔は日本の登山界の中心的な山。その檜舞台に上がることを夢見て、関東・関西から多くの有名大学、高校山岳部がやって来ていた。地元の高校としては登山界のいちばん濃いところをもろにまねてしまう。劔の初登攀競争のなかに自分らを駆り立てていってしまった」(邦夫)

魚津高校がまだ旧制中学時代、この中央からの影響をいちばん強く受けていたのは旧制富山高校の山岳スキー部だった。当時富山高校山岳スキー部では、五箇《ごか》山や飛越《ひえつ》国境の山々など広く富山県下での登山を行なう一方で、「劔で初登攀をする」という先鋭的アルピニズムを実践していた。そして富山高校が富山大学へ、魚津中学が高校へと移行する過程で、

「先鋭的アルピニズムの先端が、つまりは劔で初登攀をする、という部分のみが、すっと魚津高校へ平行移動して、富山高校山岳スキー部から引き継がれていった」

（邦夫）

こうして郁夫も「近い裏山」剱・北方稜線へ通うようになる。厳冬期の毛勝山西北尾根、3月の池《いけ》ノ谷《たん》など文字どおり超高校級の活動を行なった。

邦夫も続けて魚津高校山岳部へ（三年生から上市高校へ転校）。そうして兄同様に剱・北方稜線の人となっていく。邦夫は言う。

「僧ヶ岳、毛勝三山とは、まことに濃密な関係を取り結んできた気がする。春夏秋冬、毛勝三山との関係はずっと絶えることなく続いてきた。でも、剱との関係はそれと少し色合いが違う。剱は山の世界のスターで、万人の憧れの的。自分は登山のスタートの時点で、登山とは剱に挑んでいくこと、つまり、剱で初登攀をすること、と強く意識付けられてきた」

「登山＝剱で初登攀をすること」という邦夫の思想こそ、当時の魚津高校山岳部の活動そのものといえよう。そしてその思想の中心にいたのが、魚津高校山岳部を率いていた高瀬具康《たかせともやす》という人物だった。その兄、宗章《むねあき》は、富山大学移行前の富山高校山岳スキー部最後の部員。源次郎《げんじろう》尾根下部フェースの初登攀など、先鋭的アルピニズムを実践してきたひとりだ。この宗章の影響を強く受けた具康は、魚津高校山岳部を先鋭的登山者集団へと育てていく。宗章から具康へ、富山高校から魚津高校山岳部へと、先鋭的な登山思想が受け継がれていくことになったのだ。

魚津高校山岳部は高瀬具康の下で、チンネ、池ノ谷、東大谷《ひがしおおたん》など剱の主要な舞台での開拓・研究をすすめる。さらに53年には、当時未知の領域として残されていた剱岳西面・立山川支流の毛勝谷《けかちだん》の開拓を試みる。計画は立山川の増水により失敗するが、魚津高校山岳部の、つまりは、具康の剱岳研究は、ほぼ剱の全域へと及んだ。

また、具康は登攀者として剱の未踏ルートをなくすことをめざす一方、剱岳研究の成果をまとめることをも実践する。それが56年に出版された『剱岳　登攀ルート解説』（高須茂との共著）だ。具康が25、26歳のころに出したこの本を邦夫は、「剱のクライミングガイドの原点。解説の文章は非の打ちどころがなく、ルート図は線が生き生きとしていて絵画的。絵心がないとこうはいかない」

当時18歳の邦夫は、この9年後、登攀ルートが増えたことで改訂されることになった『新稿剱岳』に、前述の高須茂、高瀬具康とともに著者として参加することになる。

このように当時の魚津高校山岳部には、部員を「超高校級」に育てていく素地と人材があったのだ。それはつまり、郁夫と邦夫がそれぞれこの環境のなかで、後々登山家として活躍していくための基盤を築いていったということにほかならない。

しかし、郁夫が高校を卒業する春休みに、魚津高校の校舎が焼失。装備を失い、学生は火事の後片付けに動員されて山どころではなくなってしまう。具康から「剱の未踏ルートをなくす」という課題とともに魚津高校山岳部を託された郁夫にとって、それは大きな痛手だった。

「いろんな仲間を誘ってぼろぼろと山に行ったが、どうもうまくいかなかった」(郁夫)

そこで56年、郁夫を中心に邦夫と親しい山仲間、計7人で魚津岳友会を創立する。会則のなかには、郁夫と邦夫がそれまで実践してきた「アルピニズムに立脚した」という言葉がおかれた。会創立の約1カ月後には日本隊によるマナスル初登頂がなされる、そういう時代だった。

魚津岳友会で郁夫と邦夫がまず向かったのは、高瀬具康のもとで計画されながら失敗に終わった毛勝谷の登攀。「剱の未踏ルートをなくす」という課題への挑戦である。以降、会として5回、4年間をかけて毛勝谷を開拓。このうち3回は郁夫と邦夫を中心としたメンバーだった。一連の毛勝谷における開拓は59年に、郁夫・邦夫パーティによる左俣本谷右岸岩壁の登攀によって終止符が打たれる。そしてこの「剱の未踏ルートをなくす」という挑戦は、魚津岳友会のもとで、小窓《こまど》尾根白萩《しらはぎ》川側フランケの開拓、さらに八《や》ツ峰《みね》北面の開拓へと継続されていく。郁夫は当時の活動を振り返って、

「手垢のついていなかった所をできるだけ登りたかった」

と語る。

58年春には郁夫をリーダーに積雪期のチンネ（僅差で芳野満彦らに積雪期初登攀は奪われる）登攀。翌59年には郁夫と不二越山岳会の福本彰の二人で、厳冬の小窓尾根から剱を越えて早月《はやつき》尾根を下降する。これは少人数、ノンサポートによる小窓尾根からの初縦走であった。

「よお生きとったなぁ」と振り返る山行は早月尾根を経て、馬場島に下山するまで12日間を要した。登山靴は凍りつき、「脱ぐと履けなくなるのでは」と、夜も履いたまま寝た。彼は同ルートを65歳の冬に再登するが、進歩した装備、安定した天候、

登山者の多さに「拍子抜けだった」と言う。

郁夫と邦夫は未踏ルートの開拓や積雪期初登攀の挑戦など、果敢な活動を行なうが、しかし、

「一生懸命登り始めたころにはだいぶ開拓が進んでいて、あとはそれこそ重箱の隅をつっつくような状態だった。いろんな所を登っていても、今日、人から顧みられるようなクライミングルートとしては育たなかった」(郁夫)

邦夫も同様に毛勝谷は「育たなかったルート」と言うが、著書『劔岳をどう登るか』(北国出版社)の「毛勝谷登攀その三」の終わりに次のように書いている。

「穂高や谷川(劔岳の一部の地域)で、独走気味な登山の武器をもてあましながら未踏ルートがないとなげくまえに、もっと謙虚に日本の山をみつめねばならないかもしれない。ヒマラヤに憧れて、氷と岩へファイトを燃やすのもよいが、それと一緒に森と渓谷のさびしさにたえながら、日本の山を本当に愛せるようにならなければならない」

「登山＝劔で初登攀をすること」という意識を、山を始めるとともにインプットされた邦夫が、劔でアルピニズムを実践するなかで、前記のように山を愛する気持ち

を育てていったのは、劔や北方稜線の山々がもつ奥深さ、つまりはその魅力に引き込まれていったからかもしれない。

一方、郁夫は劔からヒマラヤへと目を向ける。高校三年のときにモーリス・エルゾーグの『処女峰アンナプルナ』を読んだのがヒマラヤへの憧れの始まりだった。

「本に登場した人物の名前をいまだに全部覚えている」

と語るほどに、郁夫はこの本から強い刺激、衝撃、感動を受けたという。

この気持ちがヒマラヤへの強い憧れとなり、富山岳連を組織してネパールヒマラヤ・ティリツオピークへの遠征を計画する。残念ながら計画はネパール政府からの許可を得ることができず頓挫するが、ヒマラヤ見たさに岳友会会員の山口得美とともにランタンヒマールへと向かった。65年のことである。このヒマラヤ行きから15年後、郁夫は富山岳連ティリツオピーク遠征隊に登攀隊長として参加する。初登頂は前年にいち早く許可を得たフランス隊に奪われるが、富山岳連隊は第二登を果たした。

郁夫たちの65年のヒマラヤ遠征があった翌冬、魚津岳友会は池ノ谷で雪崩遭難事故を起こす。会員二人を失い、その捜索、遺体収容活動に約8カ月を費やした。この長期にわたった捜索活動を機に、郁夫はそれまでのサラリーマン生活に終止符を打ち、68年に富山駅前で「山の店チロル」を開業する。「地域に密着した、山人と心の通じる店」が目標だったという。店に行けば剱周辺の詳しい情報が聞けるとあって、チロルはクライマーの溜まり場となっていく。郁夫は当時の店の様子を、「山から下りて来て『一杯飲みに行くぞ』と商売を邪魔しに来るやつらが絶えなかった」

と語る。

邦夫は、東京で学生生活を送ったあと、61年に富山に戻り教職に就く。その翌年から6年間魚津岳友会の会長を務め、東京で親交のあった大野明率いる直登会との合同合宿を、小窓尾根の側壁で行なうなど積極的に活動する。その傍ら、自らが勤める中学、高校で山岳部の顧問を引き受け、後進の育成にも力を注いでいく。

岳友会の活動などで剱に向かう一方で、邦夫は毛勝三山など北方稜線のほか、黒部川下流域（邦夫は黒薙《くろなぎ》川右岸山稜と呼ぶ）や頸城《くびき》の山々へも足繁く通うようになる。それは、

「人の群れのなかで何かをやっていることが嫌になり、剱に関してなんとなく失望

を感じるようになったから」

が一因だと言う。

「人と同じ意識をもっていたら連帯感があっていいけれど、山と人との関係はもっと一対一の関係であったほうがしっくりくる」

やがて邦夫は山岳紀行集『会心の山』（中央公論社、82年）を発表する。高校時代の山行から、魚津岳友会での「僧ヶ岳完登」の記録まで、27年間にも及ぶ紀行集だ。その文体に漂うのは、骨太な登攀記録とは違う、どこか温かくて切ないロマンチシズムだ。本から溢れ出る言葉は読む者を山へと誘う。

「日本的アルピニズムには文章表現が離れがたく結びついていた。だから大正、昭和からたくさんの山の本が残されてきた。登山という行為は、ロマンチシズムやセンチメンタリズム、哲学と切っても切れない関係で手を結び合っている。登山は詩、絵、写真など芸術的表現とも通じている」

登山家としてのみならず、エッセイストや写真家としても活躍する邦夫はそう語るのだった。

自分の登山から離れ、山の店チロルの店主となった郁夫は、「人を山に呼び込みたい」という思いから富山県の山のガイドブックを作り始める。

「山岳雑誌などでも地方の山の情報は少ない。情報がないと山登りは盛んにならない」（郁夫）

郁夫はガイドブックを作るにあたり、何度も同じ山に通い取材する。不安な箇所があれば何度も確認のために訪れるというのだ。取材を重ね、『とやま山歩き』（邦夫他と共著、シー・エー・ピー、86年）、『分県登山ガイド⑰　富山県の山』（山と溪谷社、96年）などをまとめていく。

情報提供のために積極的に写真も撮り始めた。かつては自宅に暗室を持っていたという郁夫だが、機材が多くて山と一緒にはできないと一時期カメラをやめていた。今ではガイド写真のみならず、撮りためた作品をカレンダーにまとめ発表している。

さて、郁夫と邦夫、それぞれにとって劔岳とはどんな存在なのか。邦夫が藤田憲司の写真集『劔岳』（TC出版プロジェクト）の巻頭に書いた文がある。少し長いがそれを引用する。

「劔岳は見るものを引き付けて止まない山だ。それは大伴家持《おおとものやかもち》の天平の昔も今も少しも変わらない。富山平野から見る時の立山連峰の頂点であり、焦点、そしてまた美しく聳《そび》え立つ衝天の山。その両肩を張った揺るぎない緊張感はものになぞらえるなら、やはり劔という他はない。名山目白押しの中にあって、なお人の心を捉えてやまないのは何故だろう。それはこの山のみが持つ形を超えた何か。それはおのずからあるところの荘厳の美とでもいうものだろう」

邦夫の語る劔は力強く、緊張感に溢れている。「登山＝劔に挑むこと」とインプットされて山を始め、憧れをもってこの山に接し、劔に「選ばれて挑戦しうることの光栄」を感じるのだという。それが劔岳だというのだ。

郁夫はどうだろう。

「なんつったって日本の劔岳（日本の代表）だよ。岩場なら穂高と比べることもできよう。でも雪山となると、これだけ登り甲斐のある山はない」

と語ったうえで、

「劔という山は好きだったよ。そもそも俺は自然のなかで遊ぶことが好きだった。近くに劔という山があり、そういうことに恵まれていた。劔っていうのは俺にいい遊び場を提供してくれた。劔を通じていろんな人との関わりができたし」

郁夫は「剱は遊び場」だったと言う。近い、裏山の、遊び場。郁夫の活動は、剱や北方稜線のみならず、ヒマラヤ、ヨーロッパ、アラスカ、そしてノルウェーなど、広く外の世界へも向いていた。たまには身近な遊び場を飛び出して、裏山では味わえない世界を楽しむ。それが郁夫のしてきた山との接し方なのだろう。一方、「謙虚に日本の山を見つめること」や「日本の山を本当に愛せるようになること」の大切さを語り、それを自らの文章のなかに編みこんできた邦夫。二人の山に対する世界観の違いを見たような気がした。

＊

郁夫と邦夫。インタビューを通じて、やはりこの二人は剱の語り部だと思った。地方の登山家として、長く地元の山と関わり、活動や情報を発信してきたこの二人が、中央の登山界に与えてきた影響やその存在は計り知れない。だが、これだけ長く剱と接してきた郁夫はこう言うのだ。

「こんなもんだよ、俺は。俺らみたいなのがやったことは知れている」

最後に、郁夫が『とやま山ガイド』（シー・エー・ピー）のあとがきに書いた文章を紹介したいと思う。
「私は、毎年60日ぐらいの山行を重ねて45年になる。それでも未知の分野・体験できない領域が果てしない。だからこそ、生涯汲めども尽きぬ永遠のテーマを与えてくれる山登りと取り組んで行くことができる。登山という趣味を得たことに幸せを感じている」

（取材日＝２０１０年12月13日～14日）

＊佐伯邦夫さんは２０１８年８月に逝去されました。『山と溪谷』２０１８年10月号に掲載された追悼文を以下に再録します。

剱岳を起点としたアルピニズムと表現活動を実践。
佐伯邦夫さんが他界

僕が大好きな山の本に『会心の山』（中公文庫）がある。富山の岳人・佐伯邦夫さんによる、剱・立山、黒部川末端山域、頸城などを中心とした山岳紀行文集である。僕はこの本を、山を本格的に始めた学生時代に初めて手にし、以来幾度となく読み返してきた。その文体から溢れ出るのは、読者を山へと導くやさしく心地よい誘惑。いつだって読後には、山に行きたくなるのがこの本の魅力である。

その邦夫さんが、8月に亡くなった。享年80。62歳で拡張性心筋症をわずらい、以来、山とスキーの実践からは遠のいたものの、本人いわく「インドアクライマー」(机上登山家)として回想録や写真集などを数多く出版してきた。

1937年富山県魚津市に生まれた邦夫さんは、兄郁夫さんとともに魚津岳友会を創設。以降、剱岳や毛勝山などを舞台に、アルピニズムの実践を行なってきた。一方、テレマークスキーの普及にも尽力。多彩な筆と写真を用いて、山とスキーの魅力を数多くの著作で紹介してきた。アルピニズムの実践という肉体的表現と、経験や知識、感性、人的交流に基づいた、知的・文化的表現。その融合こそが、邦夫さんの登山表現であった。

邦夫さんの著作にいつも漂うのは、山や仲間たちへの愛。それとともに歯切れのよいシニカルな物言いは「923」（くにさん）節とでも呼ぶべき心地よさがあった。

その言葉をもう聞けない。剱岳を照らす巨星が一つ消えてしまったことが、残念でならない。

星野秀樹＝文

高橋敬市

Profile

たかはし・けいいち　1950年、高知県高知市生まれ。68年、高知県立高知西高等学校卒業。71年から劔御前小舎にて勤務。79年、全日本スキー連盟公認ＳＡＪ基礎スキー指導員習得。82年、写真家として独立。86～88年、撮影活動のため家族を連れてカナダ・アルバータ州ジャスパーで生活。89年、芦峅寺に移住。90年、自宅の一部に写真ギャラリー「NATUA（ナテューア）」を開設。

写真集に『立山明媚』『風光劔岳』『弥陀ヶ原散策』（以上、自費出版）、『立山杉』（北日本新聞社）など。ガイドブックに『立山・劔・薬師岳』（東京新聞出版局）、『白馬岳・立山・劔岳』（実業之日本社）など。カレンダー『劔岳』などがある。

一枚の写真がある。ある晩夏の夜明け。雲間から切れ込んできた黄金色の光が、剱の山腹を貫くかのように照り射している。その写真を見て、僕は風を感じた。夏の終わり、冷えた朝の空気を運ぶ風。山稜を渡る風。光を運ぶ風。そして撮影者を包む風。なぜか風を感じる写真だと思った。重厚なシルエットを見せる剱と、厳かな朝の光。決して軽妙なモチーフではないのに、なぜか感じる軽快さ。それはやはり風、と呼ぶべき感覚だと思った。

＊

高橋敬市という写真家がいる。長く剱・立山をテーマに撮影を続ける高橋は、同様なテーマをもつ写真家である僕にとって大先輩であり、そう呼ぶにはかなり気恥ずかしく失礼な気もするが、ライバルでもある。しかし高橋は、単に写真撮影の場として剱・立山に通ってきたわけではない。20年以上も立山山麓の芦峅寺《あしくらじ》に暮らしながら、つまり撮影対象の懐に深く居をかまえながら、生活の延長線上に撮影テーマを据えている。足元から頂へと続く世界を、生活者として、写真家として行き来している。それは同じテーマをもつ人間として、羨《うらや》ましく、憧れるライフスタイルだ。芦峅寺に暮らす写真家、高橋敬市。剱・立山の山稜と、その山麓に暮らす人々に囲まれた彼もまた、剱人と呼ぶべき人なのではないだろうか。

＊

高橋は高知県で生まれ育った。父親が国鉄職員だった関係で旅行をする環境に恵まれ、小中学校のころからスキーなどへ出かけることも多かった。高校卒業後地元高知で就職をするものの、

「人生一回限りだから、一度くらい好きなことをしてもいいだろう」

と考えて、2年間のサラリーマン生活に終止符を打つ。これが以降、剱御前小舎《つるぎごぜんごや》、ヨーロッパ、カナダ、そして芦峅寺へと続く高橋の放浪人生の始まりだった。

「高知から離れて暮らしたかった」と言う高橋は、「かっこいいし、女の子にもてそう」なスキー教師に憧れて20歳の春（1970年）、長野県松本市へとやってくる。そこで職業安定所の紹介を受け、二日後から営業の始まる上高地《かみこうち》の白樺荘《しらかばそう》で働くことになった。高校時代、多少登山をかじったことがあった高橋だが、「上高地がどこにあって、どんなところかも全然知らなかった」と言う。それから11月までの約

「自分にとって剱は魂の山だ」。芦峅寺の自宅兼ギャラリーにて

半年間を上高地で過ごす。初めて触れる本格的な山岳世界のなかで、山好きな従業員からも多くの影響を受ける日々だった。

「このころ、新田次郎の『孤高の人』を読んだ。高知で読むのと上高地で読むのと、感動の度合いが全然違う。すぐ目の前に穂高《ほたか》があるわけだから、話がズンズンと自分の中に入ってくる」

11月にシーズンが終わると、長野県・八方《はっぽう》の民宿に移った。ここで居候《いそうろう》をしながら暇な時間を見つけてはスキーを履く毎日を送る。憧れのスキー教師をめざして、スキー三昧の日々だったという。

翌71年春からは、剱御前小舎の従業員になった。夏でもスキーができる立山が、彼にとって理想の職場だったから。そこで高橋は、剱・立山連峰と出会うことになるのだった。

剱御前小舎は、別山《べっさん》と剱御前との鞍部、別山乗越《のっこし》に立つ。ここは室堂《むろどう》と剱沢とを結ぶ峠でもある。この地を行き来する登山者は、眼前の巨大な塊に目を奪われる。剱岳だ。見上げたとき、振り返ったとき、はっと息を呑むとはこういう瞬間であろう。剱御前小舎は、そういう場所に立っていた。

とはいえ当時の彼にとって剱岳ありきの小舎だったわけではない。あくまでスキーしたさに選んだ職場だった。

「たまたま剱が正面にあった。もっと下の小屋で働いていたら、きっと剱を見ていなかった。もしかしたらその後、山や写真に対して何か違うイメージをもったかもしれない。でもとにかく目の前に剱があった」

この地で剱と出会い、山を知るようになった高橋だが、いきなり剱と山、そして写真の世界に浸ったわけではない。彼にはまずスキーが第一にあった。

「三浦敬三と雄一郎など、当時日本を代表するスキーヤーが立山でトレーニングをしていて、それは大きな刺激だった。立山の山小屋で働く従業員たちのなかにも夢をもった放浪者のような人たちが多くいて、いわゆるスキーバムのような雰囲気に自分も引き込まれていった」

もともと放浪癖があり、放浪の俳人・松尾芭蕉が大好きという彼がこの雰囲気に強く影響を受けたのは言うまでもない。その結果、周囲の刺激に押されるように、73年から1年間のヨーロッパ放浪の旅へと出かけていった。旅の友は、スキーとカメラだった。

「夢をもった人たちとの出会いが、放浪という自分探しの旅に出るきっかけになった。剱御前小舎やヨーロッパで出会った人たちから影響を受け、生き方を教わった気がする」

日本に帰ると、再び剱御前小舎に戻って働き始めた。そこはスキーと山と、そして写真を志す者にとって最高の道場だった。

「高校時代、地学に興味があって、気象予報を仕事にしたいと思っていた。それが山小屋で働くようになってからは観天望気の知識が役に立った」

そしてそうやって空を観察するだけでなく、さまざまな気象条件の撮影を試みるようになっていく。

「ある6月のことだった。剱の上空に大きなＵＦＯのようなつるし雲が現われて夢中で写真を撮った。この雲と出会ったことが、真剣に写真に取り組むようになるきっかけだった」

当時、彼は弟から譲り受けたペンタックスＳＰＦという一眼レフカメラと50㎜の標準レンズ一本を持ち歩いていた。写真はおもにスキーで滑る自分を撮影してもらうことが目的で、もっぱら記録用に使われていた。ところがこのつるし雲との出会い以降、空や雲などの撮影が中心になっていったという。

「写真を撮りに来るお客さんに広い画角がいいと聞いて、28㎜を買った。おお、なんてすごいんだ、という感覚だった。そんなこともあって、どんどん写真にのめりこんでいった」

また一方で、剱御前小舎や立山を訪れるプロカメラマンやスキーヤーたちも、「写真家」高橋敬市に大きな影響を与えた。

「自分がスキーのモデルを頼まれることもあり、撮影ポイントを指示するカメラマンの意図を理解することで、撮影を覚えていった」

この当時、剱御前小舎を訪れる写真家に大塚大という人物がいた。高橋と同郷の高知で高校教師をする傍ら、夏などに小舎で居候をしながらスキーと山を撮影していた。大塚は高橋に指示を出す。

「このラインを滑ってくれ。あの影の所に来たらシャッターを切るから」

高橋はモデルとして滑るラインを理解すると同時に、撮影者としての「絵」を理解する。構図としてそのシーンを理解する。そうして、さまざまな実践のなかで撮影技術を身につけていくことができたのだという。

高橋はまた、山も実践のなかで覚えていった。宿泊客に同行して荷物持ちをすることで剱・立山を歩き回ったこと。遭難事故発生時に、山岳警備隊とともに現場に向かったこと。それらの実践が山のイロハ、とくに「ああ、人間山で死ぬとこうなるんだな」という山の怖さを教えてくれた。と同時に、「なんで事故になったか」を考えるようになった。その結果、剱との関係を「一線を引いて付き合うようになった」

「立山とか他の山には感じなかったことだが、ここから先は、もう自分は入っちゃいけない世界、というのが剱にはある」

自らをクライマーではない、まして登山家でもないという彼にとって、剱との付き合いは、どうしても慎重にならざるを得なかった。

「ある一線を越えてさらに剱の奥へ入りたかったら、信頼できるガイドやパートナーと行く。登山が目的ではないからピークにこだわるような登り方もしない」

それは現在も変わらない感覚だ。現場の実体験として山を学んだからこそ、厳しい剱岳という山との接し方を、自分なりに身につけていくことができたのだろう。

81年、剱御前小舎が火事で焼失し、これを機に小舎を辞める。「まさに運命の出来事」と振り返る。当時30歳、生まれてまもない子どもを抱え、彼は迷った。山と写真の世界に生きていくか、実家へ戻り別の職に就くか。結局「山を捨てられなかった」という高橋は、写真家としての道を選ぶ。東京へ出て、ＩＣＩ石井スポーツなどでアルバイトをしながら出版社への売り込みの日々。それまでに撮りだめてきた雲の写真が飛び込みの営業で採用されたこともあり、カメラマン家業に「味をしめた」と言うが、そんな売り込みを繰り返すことで、編集者にもプロとして育てられていったと感じている。そうして夏はガイドブックの取材、冬はスキー雑誌の仕事など、プロカメラマンとしてのポジションを築いていった。同時に、雷鳥や高山植物など、立山を舞台とした自然をテーマに撮影を始める。

「当時は劔への特別な思いはまだなく、劔の表層のみを写していたにすぎない。山の撮り方もわからないころだった」

やがて高橋は家族を伴ってカナダのロッキー山脈の麓ジャスパーへと移り住む。

「旅行ではなく、その土地で生活したかった」そんな夢の実現。

「これが本物の自然、当たり前の自然なんだな、ということが旅行ではなく、住むことで体験できた」

カナダで触れた自然と生活の日々は、高橋に写真家としての強い影響を与えた。

1年半のカナダ暮らしの後、日本に戻った高橋は、剱御前小舎の佐伯和起《かずゆき》に、たまたまあった芦峅寺の空き家を紹介されて、移住を決める。89年のことだった。

「こんな所に住んだら場違いではないのか」という気持ちを抱きつつも、剱・立山の山麓での生活が始まった。

「まだ当時は文蔵、伝蔵、富男など、伝統ある立山ガイドを代表するような山の豪傑揃いがいたころ」

それでも芦峅寺の人たちは、「すんなり迎え入れてくれた」という。

この芦峅寺という集落は、古くからの立山信仰登山と、近代アルピニズムを支えてきた立山ガイドの故郷とでも呼ぶべき所。剱・立山周辺の山小屋経営者の多くはこの村の出身だ。

「ここに住まわせてもらって、小屋に行ったときには家族のように迎えてもらう」

そんな山を取り巻く人々との付き合いのなかで、「いい写真を撮って、それで感謝を表わしたい」と思うようになった。本格的に剱と向き合うようになったのも、この土地に腰を据えることができたからだという。

「劔岳は男のなかの男のような存在。腰を据えて取り組まなければ撮れない山だ。もし芦峅寺に住みながら、この山を撮らなかったらものすごくつらく、寂しい。自分が年老いて山に登れなくなったとき、劔を撮らなかったことをきっと後悔するだろうし、何か罪悪感のようなものを感じるだろう」

高橋は三六〇度、東西南北、どこから見る劔も好きだという。

「立山連峰の中心に劔があって、その頭上に北極星がある。自分も星と同じようにこの山を廻り歩きたい。人間の心はいっぱいあるけれど、魂はひとつだけ。自分にとって劔は魂の山だ」

彼の撮る劔は現在進行形だ。今も日々劔を想い、巡っている。

「ひとつの山に一回登って気づかなかったものが、数回通ううちにわかるようになってくる。若いころに見えなかったものが見えてくる。劔は同じ場所で撮っても季節ごと表情が違う。ましてレンズ、アングルの差で撮り飽きることはない」

だから、高橋は言う。

「写真に完成はない。未完成をどこまで高めていけるか」

＊

実は高橋に会って話を聞くまで、彼が劒・立山に惹かれて劒御前小舎へ向かい、劒・立山に憑かれて芦峅寺に移り住んだものだと思っていた。その情熱の力を知りたいと考えていた。でも、実際は、「縁」あるいは「運命」とでもいう力に引き寄せられて、劒と出会い、その山麓に暮らすことになったのだという。それはまさに、放浪の果て、風に乗ってたどり着いたかのような、そんな生き方だと思った。だから高橋敬市の作品には力みがないのかもしれない。劒という巨大な力を前にしても、どこかにそれを流して、爽やかな風のような作品に仕立て上げてしまう。彼の作品に感じる風、それは、高橋敬市の風のような生き方、そのものに違いない。

（取材日＝２０１１年1月27日）

稲葉英樹

Profile

いなば・ひでき　1964年、富山県南砺市生まれ。日本山岳ガイド協会認定登攀ガイド（取材時）。早稲田大学山岳部OB・稲門山岳会所属。立山ガイド協会所属。国立登山研修所登山指導員。元富山県警察山岳警備隊員。富山県登山指導員。立山・劔岳方面遭難対策協議会隊員。84年、ペルーアンデス・トクヤラフ遠征。大学卒業後、富山県警察山岳警備隊に入隊。93年、マッキンリー（現デナリ、6194m）・カシンリッジ。94年、カラコルム・ガッシャブルムⅠ峰（8068m）登頂。96年、山岳警備隊を退職し、K2（8611m）に遠征、登頂。97年、ヨセミテ・ハーフドーム、エルキャピタン。98年から山岳ガイド業を始める。99年、崑崙地域偵察。2000年、崑崙・チョンムスターグ遠征。09年公開の映画『劔岳 点の記』で山岳ガイドを行なう。15年、脳出血で倒れ、現在、実家のある南砺市にて療養中。

剱岳エリート。

おかしな言葉だと思われるかもしれない。でも、僕が山岳ガイド・稲葉英樹に抱くイメージを表わすなら、こんな言葉がふさわしいと思う。早稲田大学山岳部、富山登攀クラブ、富山県警察山岳警備隊、そして立山ガイド協会所属の山岳ガイド。ひとりの登山家が歩んできた山の経歴として、ここまであるひとつの方向性がしっかりと見えるものも少ないのではないだろうか。そこから匂ってくるのは剱岳という山の存在。山を覚えた大学生時代から、社会人として選んだ就職先、そして現在に至るまで、彼の山人生にどれだけ強く深く剱岳との関わりがあったことか。そして、彼はこれからこの剱岳という存在と、さらにどう向き合っていくのだろう。

*

稲葉英樹は富山県西部の街、南砺《なんと》市で生まれ育った。中学・高校を通してサッカー少年だったという稲葉は、当時まったく登山とは縁のない生活を送っていた。剱・立山のお膝元、富山県の出身だったにもかかわらず、「小学校のころ、地区の旅行で室堂《むろどう》散策をした程度。そのときですら、立山に登るなんて考えも及ばなかった」

そんな稲葉に転機が訪れたのは1984年2月。彼が大学受験の浪人中のことだった。植村直己がアラスカのマッキンリー（現デナリ・6194m）で厳冬期単独登頂に成功した後、消息を絶つ。この遭難が大々的に報道されていた。

「そのときに初めて山登りというすごい世界があるんだなあ、となんとなく引き込まれていった。普段そんなことを考えていないのに、生死の問題を考えさせられるきっかけにもなった」

報道のなかで繰り返された「明治大学山岳部」（植村直己の母校）や「冒険家」という言葉が頭に焼きついて、大学入学後は「自然相手のことをしてみたい」と考えるようになったのだという。

そうして稲葉は早稲田大学入学と同時に山岳部に入部する。

「ワンゲルか山の同好会にでも入ってみようかなあ、と思っていたけれど、最初に聞きに行った山岳部の強引な勧誘もあって引き込まれてしまった」

この年の夏、早稲田大学山岳部ではアンデスへの遠征を計画していた。そのアンデスに「一年生でも飯炊きぐらいなら行けるぞ」と誘われて、稲葉もトレーニング

立山町の稲葉の自宅からは、険しい剱岳西面がよく見える

とバイトの日々を送る。春の新人合宿は北穂、続けて富士山へ。そして7月からはアンデスの高峰（トクヤラフ・6032m）へと旅立っていった。

いわば早熟な海外遠征経験で登山をスタートさせた稲葉だが、初めて剱に向かったのは二年生の3月の春合宿だった。早月尾根《はやつき》から剱へ。アタックキャンプのおかれた早月小屋を早朝に出たものの、頂上からの帰りは夕方になった。

「高い山から下界が見える。自分の生まれ故郷が見える。なんだかそれが不思議な気持ちだった」

富山の夜景も印象深かった。

しかし、稲葉が剱の存在を初めてはっきりと意識したのは、三年生の夏合宿のとき。本来、早大山岳部の夏合宿は、剱の真砂沢《まさござわ》をベースに行なわれるのが恒例だったが、先のアンデス遠征と、二年生のときには合宿直前に事故があったことなどにより、稲葉が夏に剱に入ったのは三年生の合宿が初めてだった。

「富山にこんなすごい山があるんやな」

富山県人であり、真剣に山を始めて3年になる人間が、剱と向き合ったそのときに、初めてそう思ったという。

稲葉がこのときに剱を「すごい山」と感じたのは、ただ単に見た目の印象、つまり剱の険しい山容によるものだけではないようだ。そこには脈々と受け継がれてきた「早稲田の山」としての「剱岳」の影響が色濃く表われている。

「かつて赤谷尾根《あかたん》から極地法で剱を往復したときの話（49年3月）や、夏の剱での定着合宿の話など、これまで部が剱と関わってきた話をなにかにつけて聞かされてきた。おかげで、剱ってすごそうな山だな、という想いが一年生のころから膨らんでいた」

部では、岩場の山として剱か穂高《ほたか》が山行計画に選ばれるが、穂高とは違う何か特別な感じが剱にはあった。

「剱に行けることがすごいことだと、大学山岳部はみんな思っていた。『最後は剱』というような目標と憧れをもっていた」

部内で語られる「早稲田の剱」のなかで、稲葉が「伝説的な人」と呼ぶOBがいる。81年1月、植村直己が隊長を務める日本冬季エベレスト登山隊参加中に事故死した、竹中昇がその人だ。竹中は79年3月、鹿島槍《かしまやり》ヶ岳から黒部《くろべ》を渡り、八《や》ツ峰《みね》、剱本峰から北方稜線をたどり、毛勝《けかち》三山を経て宇奈月《うなづき》までの長駆縦走を成している。

「剱を舞台にして、すごい先輩がおったんやなあ、と思った。学生の力でよくやったなあと、憧れた」

剱の存在を嫌でも意識させられる早大山岳部でもまれるうちに、稲葉のなかで大きくなる剱への想い。

「学年を重ねるにつれ、剱以外にもっと難易度の高い山やルートがあるということがわかってくるが、最終的な目標として、学生の力で剱を落としたいという想いが強かった」

しかし、現実は厳しかった。伝統と実力を兼ね備えた早大山岳部をもってしても、なかなか稲葉が想うような合宿、つまり冬や春に、バリエーションルートから剱に入り浸るような山行は実行できなかった。

「現役で剱に行くには超強くなければならなかった。むちゃくちゃ体力があって、しっかり合宿をこなして、じゃないと剱には行っちゃだめという雰囲気が、現役部員を監督するコーチ会のなかにはあった」

当時の部内の組織的な弱さなどもあり、1年間の総決算ともいえる春合宿で、剱に思う存分浸るような計画を実現できないまま、稲葉は卒業を迎える。彼の現役最後の春合宿は、電鉄立山駅からアルペンルートをスキーでアプローチして立山を往復した12日間の合宿だった。それは将来、現役が「剱で合宿計画を立てるきっかけになれば」と考えて計画された。

「6人全員が一《いち》ノ越《こし》付近で雪崩に流されながらもなんとかやり遂げた、記憶に残る合宿だった」

と稲葉は振り返る。

どこかしら剱に対して不完全燃焼の想いを抱きつつ大学を卒業した稲葉。そんな彼が選んだ就職先が、富山県警察山岳警備隊だった。

「山登りがしたい。剱に登りたい。そんな想いが強くて、世のため人のためなんて動機はなかった」

こんな稲葉の山への情熱を受け入れてくれる仕事場は、やはり山、つまり剱にしかなかったのだろう。

「『ピッケルを持ったお巡りさん』(富山県警察山岳警備隊 編・山と溪谷社 刊)に引き込まれた。こういう人たちと一緒に登れたらいいな」

当然剱が職場になった。訓練で、冬や春に長期間剱に入山することもあった。し

かし、

「腐るほど山に登れるかと思ったけど、それはなかった。警備隊の人たちも、仕事以外に個人的にも山に登っているかと思っていたが、そうではなかった」

就職と同時に入会した富山登攀クラブで自らの山を実践してはいたが、まとまった休みが取りづらいことや、職場である劔・立山界隈でプライベートな時間を過ごすことに罪悪感があり、結局、劔にはほとんど行かなかった。

そんななか、稲葉にとって痛恨の遭難が起きる。94年3月、早大山岳部が別山《べっさん》尾根で急激な気象変化に対応できずに遭難。不完全な雪洞ビバーク中に3人の学生が亡くなった。夜、月明かりの下で前劔《まえつるぎ》手前の雪洞を発見した稲葉は、「自分の分身みたいなもん」ともいうべき後輩の死を確認する。前年の3月には赤谷山から劔への縦走を完遂した、つまり、稲葉が学生時代に焦がれた劔での合宿を成し遂げた、「強い」メンバーだった。

「体力、人間の力なんてたかが知れている。厳しい条件のなかで行動する、ということを経験していないと、山で的確な判断なんてできないのでは」

好きな山で起きる事故。身近な者が関わる遭難。仕事柄、目を背けたくなるような現実に接しながらも、稲葉の山への情熱は変わることはなかった。93年にマッキンリー（現デナリ）・カシンリッジ、94年にはガッシャブルムI峰へと、警備隊の職にありながら海外の高峰への遠征を行なう。そして96年、日本山岳会学生部のK2遠征への参加を機に警備隊を退職した。

「学生時代に感じた山への不完全燃焼感や、もっと違う世界を見てみたいという想い。そして、自分の可能性をもっと山にかけてみたいという想い」が、退職への後押しになった。

K2への遠征後も、稲葉は精力的に山に登り続けた。しかし、ヨセミテのエルキャピタンを単独登攀中に滑落、鼓膜を破るなどのケガを負い、そのときは「山、辞めようか」と思ったという。その後知り合った女性と結婚、さらに子どもが生まれる。稲葉に大きな転機が訪れた。K2から2年後のことだった。

当時、文部省（現・国立）登山研修所の講師を務めていた稲葉は、プロガイドである近藤邦彦や多賀谷治の姿を見て、自らも山岳ガイドになる決心をする。

「お客さんの喜ぶ姿を見ると、やりがいのある仕事だとはっきり言える」

「最終的な目標の山とか、昔登った思い入れのある山とか、いろんな想いをもった人が劔にやってくる。いわば劔は登山の集大成、まるで自分の人生をも引き連れてくるかのような山」

ガイド業を通じてそう感じた。

「一般ルートでもゲストによって山の見え方が変わってくる。感情や体調がリンクして、それまで見えないものが見えてくることがあるのに気づいた」

しかし今、稲葉は、このままガイド業に専念することに、迷いがないわけではないという。それは「自分の山登りを捨てねばならないのかな」という迷い。学生、警備隊時代を通じて、どこか劔に対して抱き続けてきた不完全燃焼感。稲葉はそれを、自らのなかで「くすぶっている炎」だと表現する。

「淡々とゲストの要求に応えることはできるけど、胸を張って劔をガイドするときには、自分が完全燃焼できるようなルートで劔を登りこんでおければよかったなあ、と思う」

自らが完全燃焼できるルート、それは冬の黒部横断や八ツ峰だという。稲葉は過去に一度、五竜《ごりゅう》岳から黒部へ下り、ガンドウ尾根を経て劔に至る黒部横断を行なっている。それでも、「毎年、若い奴が黒部横断などしているのを見るとコンプレックスを感じる」

「ガイドとして劔を語るには、もっと劔を登らないといけない」

と稲葉は言うのだ。

＊

劔岳エリート。

妙な言葉だけど、やはりあえて稲葉英樹をそう呼びたい。それは決して、一流の実績を誇る、という意味のエリートではない。すでに充分すぎるほどの実績をもちながら、それに甘んじることなく、さらなる完全燃焼をこの劔に求める稲葉。その劔岳と対する彼の姿勢を、劔岳エリートと呼びたいのだ。

「ひとつの山であれだけバリエーションが詰まっている山はない。雪がめちゃめちゃ多くて、懐が深い。谷も深い。そういうことを知れば知るほど、凄いところなんだな、と思う」

だからきっと、稲葉の劔に終わりはない。完全燃焼を求めても、ルートを登り終えた後の、あるひとときの充実感に満たされるだけなのかもしれない。それでも劔に向かい続けるのは、劒を知ってしまった者の宿命とでもいうしかないのだろう。

＊

この秋、稲葉は後輩の学生たちと中国の未踏峰に挑戦するという。その楽しそうな話しぶりに、思わず、

「稲葉さんて、山が好きなんですね」

と声をかけると、

「山が好きですね。気持ちいいですからね」

そう迷うことなく答えるのだった。

（取材日＝2011年4月17日）

佐伯友邦

Profile

さえき・ともくに　1942年生まれ。69年、富山ヒマラヤ登山隊メンバーとして、ネパール・ダウラギリ山群グルジャ・ヒマールに初登頂。63年より剱澤小屋の経営・管理に携わる。93年、山岳遭難救助の功績により「警察庁長官賞」を受賞、2001年、国立公園保護の功績により「環境大臣賞」を受賞。03年、山岳遭難救助の功績により「安全功労者内閣総理大臣表彰」を受賞。14年、剱澤小屋にて大動脈解離を発症して下山。現在は芦峅寺で静養中。

見下ろす劒沢のなかほどに、小さな赤い屋根が見えた。巨大な劒を仰ぎ見るその小屋に、初めて僕が泊まったのは2000年になったころだっただろうか。そのときに劒という山の存在感と、小屋主であり、同時に立山ガイドとしても、長く劒と向き合ってきた佐伯友邦のもつ存在感が、妙にリンクしたのを覚えている。それは決して華美なものではなく、静かに、厳しく、そこにある、というような存在感。以来、僕にとって、劒沢で劒を眺めることと、劒澤《つるぎさわ》小屋に友邦を訪ねることとは同じ意味をもつようになった。それは、友邦の語る劒は劒そのものであり、「劒に登ること」と「劒を聞く」ことが、僕にとって同意義だったからにほかならない。

佐伯友邦は立山山麓の芦峅寺《あしくらじ》に生まれ育った。芦峅寺、そこは劒・立山の歴史とは切っても切れない土地。江戸時代から信仰登拝者を立山へと導く中語《ちゅうご》の村として栄え、明治後期からは近代アルピニズムを支える立山ガイドの村として知られるようになった。そして現在は、劒・立山方面のほとんどの山小屋が、この芦峅寺の人たちによって経営・管理されている。

明治から昭和の時代にかけて活躍した芦峅寺の立山ガイド。それはまさに「劒人」と呼ぶべき人たちだった。

雪深く険しい山村の生活に育まれ、猟や杣《そま》など、険しい山を駆る仕事を通して、屈強な立山ガイドが生まれた。そしてその伝統、精神、血。山人として生きる力。厳しい山々と相対する力。いかなる条件の下でも仲間を想う力。そしてガイドとして、お客のことを第一に考える力。そんな芦峅寺の立山ガイドの姿を、僕は佐伯友邦のなかに見る気がするのだ。

＊

友邦が初めて父・文蔵が経営する剱澤小屋を訪ねたのは、1951年、小学校四年生の夏休みのことだった。称名《しょうみょう》から八郎《はちろう》坂を登って追分《おいわけ》で一泊。翌日、地獄《じごく》谷を経て剱沢へ登った。途中、小屋へボッカをする大人と同行することもあったが、2つ上の姉と一緒に、子どもたちだけの登山だった。そのとき友邦たちは、10日間ほどを剱澤小屋で過ごしたという。

「当時の小屋は何もかも粗末だった。営林署が払い下げたハイマツを薪にしたり、罠でウサギをとってカレーに入れたりしていた」

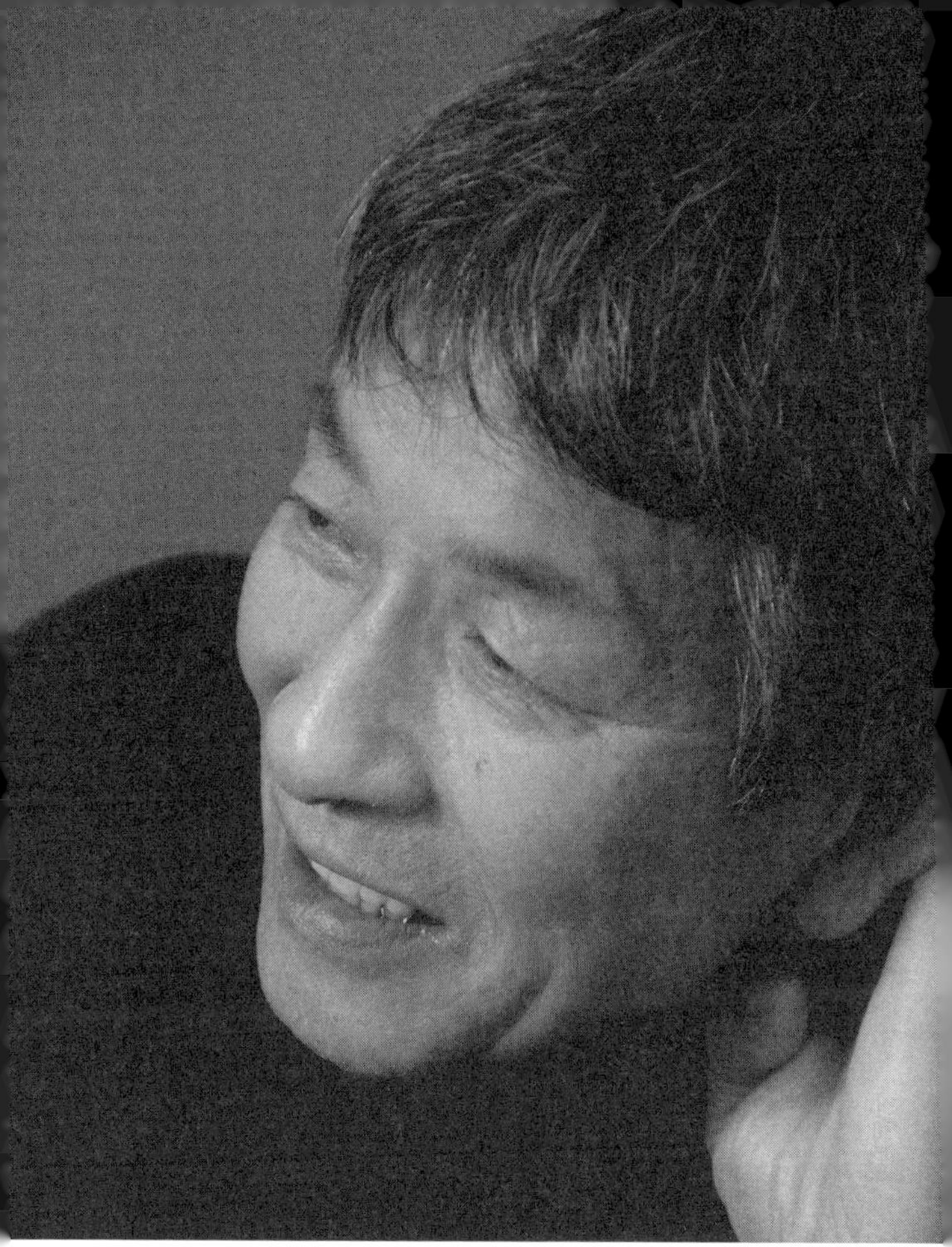

佐伯友邦は「生きる厳しさ」を剱岳から学んだという

剱澤小屋は24年、源次郎《げんじろう》尾根にその名を残す、佐伯源次郎によって建てられた。「山を大切にすることは登山者を大切にすること」と口癖のように言っていた源次郎は、終戦まで剱澤小屋を経営・管理していた。

その後小屋を引き継いだのが友邦の父、佐伯文蔵だった。17歳でガイドとなり、以降、ガイドとしても、剱澤小屋の経営者としても深く剱と関わる文蔵は、そのガイド実績や、遭難救助活動、そしてなによりもその人柄から「剱の文蔵」、あるいは「剱の神様」などと呼ばれた。

「3、4カ月ぶりに山から帰ってきた親父は、でかいキスリングを背負って、汗臭いのか、何臭いのかよくわからんけど、つまり、山臭いっていうか。あのにおいがなんか懐かしい」

69年にネパールのグルジャ・ヒマールに遠征した友邦は、クムジュンの村での出来事を、自らの幼少時の思い出と重ね合わせる。

「何カ月も遠征で留守にしていた父親を、チャン（シェルパ族のどぶろく）を持った息子1人と2人の娘が、途中の峠まで迎えに来ていた。その様子は、剱沢から帰って来る親父を迎えに出た自分らと同じだなあ、と思わずにはいられなかった」

自分の住む芦峅寺と、ヒマラヤに住むシェルパ族の村とが、その時のネパール遠征でひとつに重なったと友邦は語る。

初めての滞在以降、友邦は、毎夏剱澤小屋を訪ねるようになった。「昔は金剛杖を突いて登ってくる登山者が多かった。そこに『剱岳頂上』とか『平《へい》蔵谷《ぞうたん》』とかの焼印を押して、10円、20円の小遣い稼ぎのバイトをして過ごした」

そんな友邦が初めて剱の頂上に登ったのは小学六年生のときだった。「別山《べっさん》尾根の鎖場は今のように整備されたものではなく、針金が掛けられていた。カニのたてばいはまだなく、よこばいだけだったが、当時の登山者は交代で、皆うまく登っていた」

と振り返る友邦だが、剱岳初登山の印象はほとんど残っていないという。当時、当たり前のように芦峅寺の裏山や川を駆け回っていた友邦。仲間たちとイワナを追って山中奥深くに入り込み、土砂降りの夕暮れどきに村に戻ってきたこともあった。そのときは「剱の文蔵」をはじめ、村の大人たちを心配させた「遭難騒ぎ」になった。冬にはスキーで村の裏の来拝《らいはい》山へ。四季を問わず、とにかく山が遊び場だった。そんな芦峅寺の子どもにとって劔の岩場など、普段の遊び場の延長にすぎなかったのだろう。

高校時代には、別山乗越《のっこし》に立つ劔御前小舎《つるぎごぜんごや》でひと夏を過ごした。

「水上げ用のポンプもないから雪渓をノコギリで切って背負子《しょいこ》で運び、それを屋根に上げてとかして水を作った」

劔御前小舎は芦峅寺の共同管理の山小屋で、そこで働くことは友邦にとって、いわば修業時代とでもいうようなものだった。友邦は当時の山小屋の仕事を振り返る。

「小屋の水節約のため、米を研ぎに沢が出ている三田平（劔沢キャンプ場付近）まで下った。薪は劔沢の下まで取りに行き、一日何往復もして劔御前小舎まで運び上げた」

63年4月、劔澤小屋が豪雪により全壊。当時大学生だった友邦は、再建のため小屋に入ることを余儀なくされる。

「小屋がなくなるというのは、経済的余裕がなくなるということ。学校に行っている場合ではなかった」

この63年、つまり昭和38年は、三八豪雪と呼ばれる雪害のあった年。北陸地方は強い寒気に覆われ、都市部でも大きな被害に見舞われた。1月には愛知大学山岳部員13人が薬師《やくし》岳で遭難。佐伯文蔵を副隊長とする救助隊が太郎平《たろうだいら》小屋へ向かったが、その甲斐むなしく全員の絶望が確認された。

このような豪雪によって潰された剱澤小屋だが、小屋の歴史は雪崩や圧雪など、まさに雪との戦いだった。小屋が建てられてまだ間もない、30年1月には、剱御前方面からの雪崩により小屋が潰され、宿泊者6人の命が奪われた。芦峅寺のガイド2人も犠牲になったこの事故では、当時16歳だった文蔵も連絡係として駆り出された。

その後、文蔵が剱澤小屋を経営するようになってからも雪との戦いは続いた。数次にわたって小屋は雪崩に押し潰され、そのたびに再建を繰り返した。小屋の一部が損壊する程度の被害は毎年のように繰り返されたという。

82年、友邦は度重なる雪崩からの被害をなくそうと、小屋の位置を別山寄りの斜面に移す。しかし、

「小屋を移せば二階建てのいい小屋になってお客さんがいっぱい来るだろうと思った。ところが、移築した別山の下斜面は、雪崩の被害こそ少ないものの、雪が溜ま

りやすい豪雪地帯だった。移築してまもなく、斜面からの圧雪で小屋は傾き始め、直しては壊されるの繰り返し。それどころか、直しても直しても悪くなる一方だった」

文蔵から友邦へと、剱澤小屋の経営が移っても、変わることのない雪との戦い。やがて友邦は「このままでは新平（友邦の長男）に小屋を渡せない」と再び小屋を昔あった場所に移す決心をする。２００８年のことだった。

「今度は雪崩の直撃を受ける、沢のど真ん中。二階建ては無理なので平屋にして、頑丈な石垣を造った」

新しい小屋は、雪崩がスロープ状に造られた石垣に乗り上げて、そのまま小屋の上部を通過して下流へ流れて行くように設計されている。穂高の涸沢《からさわ》ヒュッテを参考に、雪崩の雪が小屋と石垣の間に入り込まないようにしたという。

「以前、称名橋が御前（小舎）のほうから来た雪崩に対岸まで押し上げられたのを見たときに、小屋と石垣の間に、絶対に隙間を空けてはならないと思った」

自然の力というのは、人間の予測をはるかに超えて存在する。まして剱沢のような厳しい環境で生活していくには、その力を受け入れて、なおかつ学んでいくという謙虚さが必要なのだろう。

「山の雪崩はどういう動きをするかわからない。昔の人はうまいところに小屋を建てたものだ。そのことが山小屋に入って50年近く経ってわかった。これは、山に入って痛い目に遭って、そうして学習したことだ」

友邦が剱澤小屋に入って、山小屋仕事の大変さを目の当たりにしたのは雪害だけではない。毎年繰り返される遭難事故もまた、山に生きるものにとっての厳しい現実だった。

「いやぁ、剱の山小屋ってのは大変だ。ただお客さんを泊めてお金をもらっていればいいのではない。事故が起きればそこに行かなならん」

そう語る友邦にとって忘れられない事故のひとつが、72年5月、八《や》ツ峰《みね》Ⅵ峰Cフェースで起きた遭難事故。東京の4人パーティが登攀中に天候が悪化。取付まで下りてきたものの行動不能となり、4人全員が疲労凍死した。通報を受けた友邦は、富山県警察山岳警備隊の日下昭と、雨降る長《ちょう》次《じ》郎谷《ろうたん》を捜索、2人の遺体を確認した。

「谷のなかは、膝から腰まで埋まるほど雪が深く、底雪崩が出るのではないかと思って気持ち悪かった」

その後吹雪に変わった悪天をやり過ごし、2日後に全員の遺体を回収した。

「山の事故は結果がすごく悲惨だ。パーティによってはリーダーが遺族から責められる。ここまで言われるのか、というほどのこともある。失ったものは戻ってこないけれど、どうしても言いたくなるのだろう。ああいう光景を見ていると『山では絶対に事故を起こしてはならない』と思う」

数多くの遭難事故と向き合ってきた友邦の語る言葉は重い。そしてその言葉から、これが剱岳という山の、もうひとつの顔なのだと思い知らされる。

「遭難現場を数多く見るうちに、常に事故を意識するようになった。どんな場所でも『事故が起きない』のではなく、『起きるかもしれない』という考えを絶えず自分のどこかにおいておかなければいけない。そういう考えの欠如が事故に繋がっているのではないだろうか」

剱澤小屋の小屋主としてばかりでなく、芦峅寺のガイドとしても活躍してきた友邦は、「お客の立場に立ってものを見ること」が重要だと言う。彼は、別山尾根や剱沢周辺の詳細なルート図を自ら作り、それを使って登山者にルート説明をしてきた。複雑な剱の地形や雪渓の状態が日々変わるなかで、少しでも安全に登山者を導きたいという想いから始めたことだという。

「自分の足元ばかりを見て、うつむいて歩く登山者が多い。だからルートを広く見ればわかるはずの所でも、それを見ずに悪い所まで行ってしまい、おまけに引き返すのが嫌だから無理をして事故を起こす」

だから「おせっかい」でも、ルート図を見せて説明する。それでも、「事故があると、まず自分の小屋のお客じゃないかと心配する。もし、自分とこのお客だったら、もう少し注意してちゃんと説明しておけばよかったと後悔する」

「昔の登山者と違って、今の登山者はレベルが低いといわれるけど、そんな批判ばかりしていてはいけない。そういう登山者が安全に歩けるように、しっかり指導することが大切だ」

友邦がアドバイスをするのは一般の登山者だけでなく、ガイドに対しても同様である。

「剱独特の気象や地形、山の様相や状況を伝えて、判断、アドバイスをする。もし事故が起きれば100%ガイドの責任。事故が起きてからどうこういってもダメだ」

やはり剱という山は厳しい。当然ここでガイドをする側にも、高いレベルが求められることになる。

そんななかで、友邦が一目置くのはプロガイドの近藤邦彦だ。

「近ちゃんはプロ中のプロ。いかなることにも耐えうる用意ができている。行動するにも朝早く出るから、何かあっても明るいうちに対応できる」

さらに友邦は「山岳警備隊に頼りきってはいけない」とも言う。

「何かあったら、自分たちでも努力する。自分たちの手に負えない場合は助けてもらう。だから普段から警備隊とコミュニケーションを密にしておくことが大切だ」

「剱の神様」と呼ばれた文蔵を父にもち、芦峅寺という立山ガイドを育んできた風土と、厳しい剱岳という自然にもまれて生きてきた友邦。それ故に、遭難という厳しい現実に対して、誰よりも心を割いているかのように感じる。

直しても直しても雪害で壊される剱澤小屋。毎年繰り返される悲惨な遭難事故。そんな厳しい剱の生活を振り返ったとき、佐伯友邦は言うのだ。

「剱から学ぶことがほんとにいっぱいあった。それは、たとえていうなら生きる厳しさだ」

しかし、友邦が劔から学んだのは厳しさだけではない。

「劔のああいう場所で商売をしていて小屋が壊されたが、人からずいぶん助けられもした。そういうありがたみもよくわかった」

劔澤小屋には人が集う。劔を想う者、友邦を慕うもの。決して愛想がいいとはいえない友邦のその雰囲気は、やはり劔岳が醸し出す存在感と同質なもののような気がする。

「劔は富山平野や魚津から見てもいいし、氷見《ひみ》の海岸から眺めてもいい。伊折橋から見て、下が雲海になって上のほうにバーンと劔が出ることがあって、凄いなと思うことがある。1000mほど高くなったように見えることがある。やっぱり劔はひときわ堂々としている。この姿に憧れて、大勢の人が劔にやって来るんだな、と思う」

そうして、劔に登った登山者の顔から、その喜びの大きさがわかるという。

「劔は途中に山小屋もなく、不安感のなかで登る。だから無事登って帰ってくると、そういう達成感や感動が、登山者の表情から伝わってくる」

＊

佐伯友邦は帳場と小屋前の広場を行き来しては、剱と、登山者を眺めている。僕はこれまでこれほど山を見つめ、登山者の安全に気を配ってきた小屋主を知らない。ときには小屋にいても山にいない小屋主、つまり、小屋にいても山のことを考えていない小屋主もいるが、友邦は常に剱とともにいる。山を下りて芦峅寺にいてもそれは同じに違いない。それはやはり彼が、芦峅寺という立山ガイドを育んだ土地に生まれ、その地脈の中に生きているからなのだろう。もちろん、それだけではない。厳しい剱と対峙しながらそのメッセージを謙虚に受け止め、学び続けてきたこと。それができるのが、佐伯友邦なのだと思う。

（取材日＝２０１１年4月18日）

番外編 1

家族の山小屋

今から10年以上昔の話だと思う。ある取材のボッカ兼モデルで、僕は初めて剱澤小屋に泊まった。学生時代から剱には足繁く通っていたものの、山小屋に泊まるのは初めてだった。印象に残る小屋だった。それは、小屋主、佐伯友邦の圧倒的な存在感。寡黙ながらも登山客に的確に、時に厳しくアドバイスを出す友邦の姿は、まるで剱岳そのもののように思えた。もうひとつ、小屋のスタッフが、友邦をお父さん、妻の里子《さとこ》をお母さんと呼ぶ雰囲気。アットホームなんて言葉とは違う、もっと親密で普通な感じ。つまりは家族そのもの、そんな印象だった。

そしてもうひとつ忘れられないのが友邦の息子、新平《しんぺい》のこと。彼が街の暮らしから山の生活へと移ってきた、ちょうどそんなころだったのだろう。山小屋従業員としてどこかぎこちなく、でも一生懸命な新平の姿を覚えている。

その後、僕は幾度となくこの小屋を訪れるようになった。それは剱と、この小屋の人たちが好きになったからにほかならない。

＊

この春、新平は剱澤小屋に入って15年目を迎える。父友邦と、母里子と、ひとつの小屋で働くことについて彼に尋ねると、「責任が三つに分かれているので心理的に楽」と答えた。

フロントを受けもつのが友邦、台所を担当するのが里子。新平はそのどちらにも入れるように、様子を見ては動き回っている。でも、心理的に楽なのは、単に責任を分担しているからだけではないようだ。同時に「三者が頼りあってもいる」（新平）のだという。それぞれが責任を持ちながらも頼りあえる関係。おそらくそれは家族ゆえの信頼関係に違いない。

2010年の春、新平はスタッフとふたりだけで一週間早く剱沢に入り、小屋開けの準備をした。深い雪に閉ざされた剱澤小屋を、少しでもスムーズに営業状態にもっていけるようにと考えてのことだった。

「親父は雪崩のことなどを気遣い、小屋を開けられるか心配した。それでも説得して入った」（新平）

新平は4年をかけて友邦を説得した。そうまでして自分で小屋開けをしたかったのは、〝友邦の剱澤小屋〟ではなく、〝新平の剱澤小屋〟を自ら意識したからだろう。

「春にゼロの状態から親父なしで営業までもっていけたのは、10年以上の経験があったから」（新平）

友邦と里子、そして新平。剱岳に見守られながら、今日も剱澤小屋の物語がつづられていく

信頼と責任。新平も着実に剱の山人へと成長しつつあるようだ。

剱澤小屋のフロントは、友邦と新平のふたり、もしくはそのどちらかが常駐している。それは登山ルートを尋ねる登山者に的確なアドバイスをすることが、山小屋の大切な仕事だと友邦が考えているからだ。これまでずっと事故の悲惨さを見て、遭難から多くのことを学んできた友邦は、「山を自分の都合に合わせようとする人もいるけれど、それはむしがよすぎる。まして剱は、登りにかかった時間と同じだけの時間が下りにも必要な難しい山だ」と語る。〝剱岳の神様〟と呼ばれた文蔵を父にもち、山小屋経営者としてのみならず立山ガイドとして長く剱岳と接し、また同時に多くの遭難現場を目の当たりにしてきた友邦の語る剱は、いつも自身の経験と結びついている。

「とにかく歩くことが大切。自分で歩くしかない。自分の目で見るしかない」

これは父から息子へのメッセージだ。

新平も友邦同様に、登山者を気遣い、多くのアドバイスを提供している。

「小屋に入ってからしばらくは料理を中心にやってきたけれど、5年くらい前からお客さんの安全が大切だと思うようになった。それは親父を見ていてわかったこ

台所を守る「お母さん」里子。登山者がゆっくり休めることをいちばんに考えて、食事や清掃に気を遣う

文蔵、友邦と新平。小屋の談話室に掲げられた親子三代の写真

昭和 37 年頃の剱澤小屋

と」（新平）

その一方で、「親父は山のプロ。だからプロ的な感覚で伝えようとする。でも自分は素人だから、親父とは違う感覚で伝えられる言葉がある」

ガイドには簡単なところでも、一般登山者には難しいことがある。同様に、友邦が危険を感じないようなことでも、素人である新平には不安を感じることがある。それを新平は登山者に伝えようと心がけているという。友邦の傍らで過ごしてきた新平だが、友邦の言葉をただまねるのではなく、自分の体験からも相手に伝えようとしているのだ。

劒澤小屋のひとつの顔をこの友邦と新平がいるフロントとするならば、里子が受けもつ台所がもうひとつの顔だ。食事と小屋内の清掃に気を遣う里子は、「山小屋では休むことが大切。だから食事はもちろん、掃除を徹底することも大事な仕事。みんながゆっくり休めるように寝具もトイレもきれいにしておきたい」と言う。これは里子が劒澤小屋に入って以来ずっと心がけてきたことだ。そして、小屋の食堂に掲げられた古い、かつての劒澤小屋の写真を見ながら里子は言った。

「超えられませんね、この人たちを」

写真は1956年ころ、剱澤小屋先代の文蔵の妻タカノが、小屋に布団を直しに来たときのもの。文蔵とタカノが、山で二人一緒に写っているただ一枚の写真だという。仕事、畑、子育てなど、今以上に不便な暮らしのなかで、多くのものを担《にな》いながら山で仕事をしてきた家族。そこにもきっと、今と変わらない信頼と責任という家族の絆があったに違いない。

*

その夜8時ころだった。剣山荘方面からふたつのヘッドランプが、登山道から少し離れたところで動いているのが見えた。知らせを聞いた新平は、すぐに登山者を誘導するために小屋を飛び出して行った。その姿は、初めて僕がここに泊まった夜に、やはり友邦が同じように飛び出して行ったときのことを思い出させた。

（取材日＝2011年9月25〜26日）

佐伯新平

家族の山小屋その後

Profile

さえき・しんぺい　1973年生まれ。芦峅寺出身。板前を経て、97年に劔澤小屋に入る。

間もなく8月が終わろうとする、雨の夜。劒澤小屋にいた佐伯友邦は、激しい胸の傷みに襲われた。心臓疾患が疑われる、危険な状態と思われた。すぐに山岳警備隊員の肩に担がれて、友邦は小屋を、劒を後にする。その時新平は、「もしかしたら親父は、小屋よりも標高の高い別山乗越《べっさんのっこし》を無事に越えられないのでは」と、「万が一」の覚悟をしながら見送ったという。これまで数多くの命を自らの背中で救ってきた友邦。警備隊員の背に担がれて、暗闇の山路を越えて行く時、一体どんな想いであったことだろう。しかし「何が何でも友邦を死なせない」という警備隊員たちの心意気が勝った。劒澤小屋から室堂《むろどう》までをたった2時間で駆け抜け、救急車で富山県立中央病院へ搬送。なんとか一命を取り留めることができた。そこで友邦は「大動脈解離」と診断される。高所への立ち入りが強く制限される、深刻な心臓疾患であった。

２０１４年8月末、こうして友邦が、その看病のために里子が小屋を去る。家族の山小屋には新平だけが残された。

＊

その夏は雨ばかりが続く、天候の悪い年だった。やっと天気の巡り合わせが上向いて、僕が久しぶりに剱へ向かったのは9月2日のこと。長次郎谷《ちようじろうたん》から本峰へ登り、テント場へ向かう途中、いつものように剱澤小屋へ立ち寄った。

そこで新平からそっと告げられた、友邦の病気のこと。驚きと、不安。そしてやり場のない寂しさを今も思い出す。いや、それよりも、友邦と里子が去って一週間と経たない山小屋で、一人奮闘する新平の姿がそこにあった。「どうしようかと思った」と当時を振り返る新平。天候が安定したことで急に登山者が増え、ストレスで顔面神経痛にもなった。それでも、「あっという間で記憶がない」という小屋閉めまでの1カ月半を、なんとかやりきった。

半ば混乱の中で小屋閉めを迎えた新平だが、

「親父が山を下りて、その病名を知って、そんな中で1カ月半小屋をやりながら、いよいよ『自分なんだな』っていう『覚悟』ができていった」

それまではなんでも3人で分担してやってきた〝家族の山小屋〟だったが、これからは新平一人でやっていかなければならない。だから、

「山に入ったら小屋閉めまでの100日間は下りずに、責任をもって、いかにやれるか。『仕事の覚悟』というよりも『小屋に入ったら一度も山を下りない覚悟』を

「いつも剱岳に対して『ありがとうございます』って思う」

決めた」のだと言う。

そうして新平は15年から3年間、小屋開けシーズン中は一度も山を下りずに過ごす。だが、4年目に精神的な疲労もあって体調を崩し、しばらく友邦と里子がいる芦峅寺の実家で過ごした。その時に「下りることもできなくないな」と思うようになり、19年は一泊二日だけだが、小屋を留守にして下界に下りた。

「従業員を大切にして、彼らに任せられることは任せるようにして。あれから5年間学んでやってきて、自分も小屋全体に目が届くようになってきた」

「でも、3人でやってきたことは、一人ではできない。親父がいたころのように小屋として登山道を見に行くとか、なかなかできなくなった。要所では剱沢の雪渓とか見に行っているけれど、以前のように時間をかけたりとかは、一人なので厳しい」

そんな新平が強く思うのは、「小屋が、友邦さんと里子さんがおらんようになってだめになったね、なんて言われたくない」という想い。

「3人でやっていたころのお客さんがぱったり来なくなってしまうようなことにならず、継続して来てもらえるようには最低でもしないと。それ以上のことはさすがに一人だからできないけれど」

　そう話す新平にとって大切なこと、それは「人と人」との有り方だという。

「掃除にしても、料理にしても、自分が思ったようにやりたい時は、自分でやらないとだめ。でも細かいことは目をつぶって、やり方とかは本人（従業員）に任せて。本質をね、大事なことだけを伝えないと。何が大事って『人と人』なんで。僕がお客さんを大事にすると、やっぱり従業員もそういうものだと思うようになって。逆に、従業員の時間的なものや、労働的なものを過酷にすると大事なものが見えなくなる。だから従業員も大切にして。毎年従業員は代わるけど、みんなにその年の劔澤小屋の顔を作っていこうって言っている。けど、基本は、大事なことはいつも変わらない」

「日本って、『おもてなし』の国じゃないですか。もてなすのって、上っ面じゃだめ。そんなのお客さんにすぐ見抜かれる。マニュアルに従って対応するのは『おもてなし』じゃない。僕の『おもてなし』の仕方を従業員は見て、積極的に学んでまねてくれる」

「人と人」。新平が語る山小屋像は、いつも登山者の安全を一番に気にかけていた友邦の姿を思い出させる。いや、友邦だけではない。いつも宿泊客が心地よく休めるように気遣っていた里子の姿も浮かんでくる。

「お客さんって、山に何をしに来ているのかっていったら、『山を登りに来ている』わけです。だから山小屋は『脇役』。お客さんをサポートするための場所。それは絶対忘れたらだめなこと。それが、山小屋が『主役』になっている小屋もある。遅い時間に小屋に着いたお客さんを頭ごなしに怒る小屋があるらしいけれど、何時に着いても快く迎えてあげないとだめ。本当に非常識な人には怒ったらいいけれど、お客さんを追い込んだらいけない。親父は心配して、到着の遅いお客さんをよく迎えに出ていたけれど、自分が迎えに行ったお客ほど、優しくしていた」

安全に導いて、しっかり休ませて、だから翌日は安心して行動ができる。そうさせるのが、山小屋の役割だと新平はいうのだった。

そんな新平の剱澤小屋を支えるのは、常連のガイドたち。友邦の代から付き合いのある近藤邦彦や山本一夫は、芦峅寺《あしくらじ》の友邦の顔を見てから剱澤小屋へ登ってくるという。近年、ヘリ会社の事情などにより、山小屋への物輸が滞るなどの問題が生じているが、剱澤小屋では立山ガイド協会の若手ガイドらに協力してもらい、週一回程度、40kgほどの荷物をボッカで上げている。

「ウチの小屋が独特なのは、ガイドさんたちがキャベツ1個とか2個、入山のついでに担いで来てくれる。ちょっと足りないものとかを、結構みなさん買って持って上がってきてくれたり。多賀谷さんは『困ったことがあればなんでも言え。ボッカでも何でもしてやる』って言ってくれる」

ガイドが手を貸してくれるのはボッカだけではない。ルート状況などの情報をわかりやすいようにスマホの画像で提供し、登山者へのアドバイスを伝えてくれるという。

剱澤小屋とガイドとの関係が良好なのは、友邦、いやさらに先代の、文蔵自身が立山ガイドとして活躍してきた所以もあろう。でもそれだけではない、小屋主の、山と登山者に対する謙虚で誠実な態度があったからにほかならない。

「ガイドの人たちは、親父とお袋がいなくなったなかでの、僕のやり方を納得してくれている。負担が大きくなったこともよくわかってくれていて、前より助けてくれる。特に上の世代の、多賀谷さん、本郷さん、(佐伯)岩男さんたちは、すごく可愛がってくれる。そういう有り難さをすごく感じる。剱澤小屋とガイドの繫がりは以前と一緒だけど、繋がり方が前とは違う」

劔澤小屋にとってガイドの存在は大きい。が、しかし、やはり今でも新平のいちばんの支えになっているのは、父、友邦の存在である。新平は、小屋にいる最中でも、遭難事案、登山道、水源地、それに営業関連など、さまざまなことを、電話を通じて芦峅寺にいる友邦に相談しているという。

「一人でやっていると不安になったり、考えすぎてしまったり。だから親父に相談することで精神的に楽になる。やっぱり家族じゃないですか、親父って」

3年前、小屋の売り上げが落ちたことなどでストレスが溜まり、体調を崩した新平は、両親のいる芦峅寺で静養した。

「そんな心配事を親父とお袋に聞いてもらったら、すごく安心するって、この時初めて思った。それまでもいろいろと相談はしていたけれど、それが安心に繋がるとは気づかなかった。もっと聞いてもらいたいな、って思った」

5年前、急に友邦と里子が去り、新平一人が残された〝家族の山小屋〟。でも、友邦、里子、新平が集い、顔を合わせることで生まれた「安心」が、やはり変わらない〝家族の山小屋〟の姿だったのだ。

「親父はもう山に登ってこられる体ではなくなってしまったけれど、やっぱりあれだけ長い間、劔という難しい山と、豪雪の、毎年のように壊れた山小屋を何回も直してやってきたというのは、本当に凄いことなんだなって、実感している」

＊

「劔があるおかげで山小屋をやらせてもらって、世界トップクラスのクライマーやガイドの人たちと出会えて。だからいつも劔に対して『ありがとうございます』って思う」

文蔵、友邦、そして新平。三代にわたる劔澤小屋の物語は、その時代の「劔人」たちとともに紡がれていく。

「なんかね、一人では絶対できない。一人では何もできない」

インタビューの最後、新平はそうつぶやいた。

（取材日＝2020年4月3日）

和田城志

Profile

わだ・せいし　1949年、高知県生まれ。大阪市立大学OB。76年5月、剱沢大滝初遡行。78年、ゲントII（7343m）登頂、ランタン・リルン（7246m）初登頂。81年12月、白竜峡〜壁尾根〜八ツ峰IV稜。82年3月、鹿島槍北壁〜ガンドウ尾根〜八ツ峰III稜。83年1月、黒部別山第一尾根〜八ツ峰II稜マイナーピーク。同年２月、五竜岳〜東谷山尾根〜雲切尾根〜三ノ窓尾根。同年3月、鹿島槍〜剱沢大滝〜八ツ峰I峰滝ノ稜。84年、カンチェンジュンガ（8598m）南峰から主峰縦走。同年、ナンガ・パルバット（8125m、ディアミール壁・失敗）。85年、マッシャーブルム（7821m）北西壁初登頂。ブロード・ピーク（8051m）登頂。86年、ナンガ・パルバット（南壁中央側稜・失敗）。同年12月、明神岳〜双六岳〜上ノ廊下〜立山（立山で滑落してヘリ救助。右膝の十字靭帯を失う）。88年、白馬岳主稜〜突坂尾根〜猫又山〜サンナビキ山（猫又山手前で雪の裂け目を踏み抜き、ヘリ救助）。89年12月、湯俣〜真砂尾根〜上ノ廊下〜薬師岳東面中央稜（時間切れヘリピックアップ）。90年3月、鳶山西尾根〜五色ヶ原〜烏帽子岳（単独）。91年、ナンガ・パルバット（南東柱状岩稜・失敗）。同年3月、唐松岳〜餓鬼尾根〜北仙人尾根北東支稜〜八ツ峰I稜。同年12月、白馬鑓ヶ岳〜中背尾根〜小黒部谷〜小黒部小尾根。92年3月、岩小屋沢岳北西尾根〜黒部別山北尾根。同年12月、白馬岳〜名剣尾根〜小黒部谷〜赤ハゲ尾根。93年3月、鹿島槍〜十字峡〜黒部別山トサカ尾根〜八ツ峰V峰菱ノ稜。96年12月、鹿島槍〜大滝尾根。著書に『剱沢幻視行 山恋いの記』（東京新聞）。

怪物、怪人、はたまた鬼か。和田城志。

冬の剱、黒部に通い続け、この山域に縦横無尽な足跡を残してきた登山家だ。

1976年5月の剱沢大滝初遡行を皮切りに、この山域で彼が成してきた記録は膨大な数に上る。12月から3月の冬春期に剱の頂上に立った回数はこれまでに合計14回、そのルートはすべて黒部、もしくは北方稜線から至ったものだという。

しかし、それらの記録をここにただ並べてみても、和田城志を語るには足りなさすぎる。和田の言葉、発するメッセージは、記録を超えて強く他の登山者を揺さぶるからだ。

だから、和田が剱や黒部でしてきた数多くの登山記録は、これまで彼自身が発表してきた他の誌面に譲り、ここでは和田城志が僕に語ってくれた言葉を紹介したいと思う。

*

「僕は少年時代はものすごく病弱で、体が小さくて、好き嫌いが激しくて、引っ込み思案で、だから対人関係は絶対うまくいかんわね。学校もよく休んで、わがままに育っているから人とうまくいかない。いくわけがない。

そうすると当たり前のように、自然に目が行く。目の前に海があるし、川も山もあるし。人といるより自然といるほうが居心地がええ。ボヨンとそこにおるのがいいわけよ。夜になったら一人で目の前の浜で焚き火して。

自然にこもっていた。アウトドアの引きこもりだった。家にいて、自分の思い通りになることがおもしろくなかった。だから人と離れたかった。

自然というのを人は使う時に少し誤ってて、自然がすばらしいって決めてしゃべってるし、自然というものに対して過剰評価がすごくあると僕は思う。自然というのは非常に冷徹なところがあって、人間に無関心やし、自然は淡々と、ただ自然の営みをやっているだけ。だから逆に人は、そういう所におったら居心地がええのかもわからん。そういうのは、人間に心地ええやね。だから今でもしょっちゅう野宿してるからね。

山はいつも正確に反応があるわけや。けれど、文明や日常生活には、オブラートに包んだワンクッションがある。山では私個人の些細なミステイクが即、命に関わってくる。具体的なんや。だから、山と日常生活の微妙な違いは、山のミスは命

「劔はきっと、緊張感の持続を求める。自然本来の姿をもっているのやろな」

のミスになるけど、都会のミスは誰かが助けてくれたり、ちょっとお金を損したりする話ですむ。それだから僕らは生きていける。

せやけど山のミスは自己責任の典型で、岩登りしていて、指が外れたら落ちて死ぬから必死にしがみついているだけのこと。

たとえば、手袋に穴があくということは、致命的なことの具体的な感じ。だから、テントに入ったら必ず破れた所をステッチするわけや。それをせん奴は、そこから凍傷になって、指が利かんようになって、落ちて死ぬ。それを前の晩に糸で縫うか縫わんかが、命のやり取りの原因になっている。だから、山のなかでは、どんな細かいことでも『ま、ええか』というのはないんや。必ずフォローして、合理的に判断させられるんや。

山でなくても海でもきっとそう思うよ。真剣に、自然と向かい合って生活していたら、なんか適当っていうわけにいかんのよ。適当にやっていたら、しっぺ返し来るの全部自分やからな。

『あ、もうダメ。ギブアップ』言うて、『はい、リセット』ってわけにいかない。だから登山は競技では絶対ありえない。だいたい、自然で競技するなんて、自然に

鹿島槍ヶ岳北壁から半月峡を渡り、
八ツ峰を行く。82年3月

対して不遜やで。まじめに、命のことをちゃんと考えて、『生きて帰るで』という感じ。それをリアルに感じるときがあるのよ、厳しい登山をしていたらね。

そのときに目が開いて、厳しくない登山のときにも同じことをするのよ。どこに何があるかわからんからな。たとえば、ちょっと靴紐ほどけて歩いている奴がおるとするやろ。怒鳴りたくなるわ。

だから、ちょっとしたことでも、妥協というか、こんなもんか、というのはだめ。山には緊張感がずっとある。経験を踏めば踏むほど緊張感は増えていく。緊張感の持続が自分の中にもてるようになれば専門家や。

剱に登るなら初めから行ったらええ。行きたいんやったら、そん時にすぐ行ったらええ。手順を踏んでいたら、たぶん行かなくなる。

だめやったらまた行ったらええ。そしたら登れるわ。できるわね、二度目には。手続き踏んでゆうのが嫌いや。したいことをすぐにする。失敗したらもう一回やったらええ。即、したいと思ったことをしたらええんや。それが、非常に背伸びした状態だろうが関係ない。第一、したいと思っている自分の心を大切にしたらなあかん。だいたい人間は、できそうもないことを考えない。したい、ちゅうことは、つまりできる可能性があるということ。頭に浮かぶということは、すでに8割はできている。

石橋叩いて渡るようなことしたらだめよ。ステップ踏もうなんて余分なエネルギーを使うし。成功するコツは、まず失敗を経験することやから、失敗を恐れないというのが大事なことであって、手順踏もうなんていうのは勇気がないからや。失敗することを恐れているんや。

すぐやったらええで。ほいでたいがい失敗するで。当たり前や。でも、ほとんどもうクリアしている。悔しいから、次はかなり本気でやる。だから今度は成功する。

自主的トライアル&エラーや。人に言われてやったらだめ。『自分の足元見てもの考える』なんて人は、なんもできない人や。こんな人は何も残さない。

でも死んだらあかんで。エラーで終わる。トライできんからな。撤退のタイミングは大事やし、過剰に固執したらあかん。

いちばん遭難したくないのは、遭難した人や。せやし、後から遭難を検証して、『なぜそんな失敗をしたのか』なんて言う人がおるけど、失敗じゃないんや。みんなそこが最善と思って行ってるんやから。登山における遭難というのは、想定外、および想定内でも『たまたまやっちゃった』いう感じ。大まかなところでは、事故するかもわからんと皆思っているんや。だから想定外ではないんや。山というのはそういうことを必ず含んでいるからね。

そういう所に身を置いて、アドレナリンが出るような所に。そこをクリアしたときの爽快感。要するに懸命になる、無我夢中になる。それはあると思うな。一回切りで楽しくて、『ああ、堪能した』いうことはないから、もっと、もっとという感じになる。

剱岳という山はそういうのを非常にわかりやすく具体的にもっている。日本の山のなかでもダントツやと思われる。

アルピニストは必ず死ぬからね。優れたアルピニストは死ぬもんや。死ぬことを求めているわけではないけど、そういう場所に行くんやから。『あんな凄い人が』と違う。『あんな凄い人』やから死ぬんや」


「僕は山の美しさとか山のよさとかって、基本的にはどこも変わっていないと思ってる。アルピニストは、山っていうキャンバスに、ただ筆を加えるわけだけど、そのときに、剱岳なら剱岳が指し示すような登山を描きたい。黒部とか、厳冬の2月とか、そういうことを頭の中で思い描く。それを、山を登る側の人間の『創作』っていうんや。剱や黒部は何も変わらんけどね、一筆加えたところで。

単なる山いうたらそれまでやけど、あの山には、非常に人を『惹きつけて』『考えさせて』『楽しませて』くれるような創造性を秘めている気がするね。ま、人の創造性を喚起する何かがある、ということかな。剱と黒部が9割方お膳立てしてくれていて、自分のオリジナリティなんて大げさなもんじゃない。そこにほんのささやかな一筆を加えるだけやけど。

だから、アルピニズムというのは限りない自己表現であるのは間違いないけれども、ある所に入れ込んでしまったら、自己表現をしている、って気がなくなっていくんやね。薄まっていくのよ。それはつまり相手がわかるということよ。ナンガ・パルバットも3回行って、しみじみとわかった。

繰り返し、繰り返しひとつの山に行くと、そこで自分を表現するどころか、そうならずに、その山の凄さを思い知らされる。オリジナリティをやっているというよりも、『ああ、これがナンガ・パルバットなんや』と思い知らされる。登頂できずに終わったときも、後悔のしようもなく、悔しさもなく、認めさせられるのが心地よい感じ。幸せな気になる。登頂できないのに満足感がある。つまり、山のほんとのすばらしさに触れていることに喜びを感じるんや」

「緊張感がずっと続いたらけっこうしんどい。疲れるのよ。ほんとに山下りたらほっとするからね。

そんな緊張感の持続は、百名山とかエベレストにはないと思う。冬の剱とか行っている時に、そういうことを繰り返し求めているんやろな。だからわざわざ豪雪の時に行くんや。

正月に早月《はやつき》（尾根を）登るなんてことは、僕は絶対しない。剱に立つことが目的じゃないから。剱はきっと、緊張感の持続を求める、自然本来の姿をもってるのやろな。それは黒部も一緒やけれど。

つまり、人が来ない所や。人を緊張させるものをもっている。剱にはそれが多い。それは剱という山の、尖った山のフォルムからきているのではなく、日本海がすぐそこにあるという立地や。

大陸の気団と、日本海の湿気がぶつかるちょうどそこに山がある。その3つででき上がっている。だから剱と穂高《ほたか》は違う。

僕は風土という言葉がもの凄い好きなんやけど、土は陸、あるいは岩って書いてもかまわんと思うけど、風って大気やんか。だから剱という風土なんや。剱という風土と穂高という風土は違うんや。北アルプスってひとことでいうけれど、ちょうど三俣蓮華《みつまたれんげ》の辺りに風土の風のほうの境目があって、西高東低で季節風が吹いて、3日も続くで、吹雪が。そんな時でも穂高は晴れてるんやね。

北ア北部でも、鹿島槍《かしまやり》と剱じゃ全然違う。黒部があるからな。吹雪にしても、雪の多さにしても、剱から毛勝《けかち》のあの稜線に特化してしまっている。だから、胃が痛くなるのがすぐわかるで。天気図書いてて。

僕は鹿島槍にいたら全然怖くない。『もうええやん、帰ろうよ』と。ところが、これが黒部別山やったらだめなんや。小窓《こまど》や大窓《おおまど》のコルにいるとしよか。天気が崩れてきたとわかったら、まあ4連沈（連続沈殿）はしゃあないと思うやんか。そのときに、『行くかな、下るかな、どうしよかな』って判断せなあかん。三《さん》ノ窓《まど》におったら早月下るだけやし耐えるしかないけど。だから、いつも天気のことばかり気にしてるんやね。

そりゃもうね、豪雪に遭ったらわかるよ。根性があるとか、力があるとか、経験が豊富やからって、それで解決するもんやないもん。しんしんと降りだしたらどうしようもない。自然の威力そのものを感じるときには、そこに経験とか、知識とか、体力とか、技術とかをもち出すこと自体が無意味なんや」

「剱には黒部という深い谷があって、山がある。山というのは高度差の問題やから、深ければ深いほど際立つやんか。穂高にはそんなんないんや。十字峡《じゅうじきょう》から剱いうたら全然違うからね。隔絶されたうえ、あんなに急で、こんな岩稜で。そんなのとっぱらってもあの凄い高度差がある。

しかも、十字峡に入るには鹿島槍を越えねばならんからね。その高度差を全部足したら、もの凄いでかい山になるね。高度差4000mくらいの山になる。ヒマラヤでその高度差っていったら、ナンガ・パルバットみたいな感じやな。

剱は小さい山のように思うけど、登り方とか季節を選べばそこには凄い山が出現して、実際登ったらわかるけど、大変なんや。しんどいのよね。精神的にも肉体的にもしんどいな。そんなのがこの島国に、ぽつんとあるわけや」

「もし、もうひとつ人生があったとしても、同じことしたと思う。あまりにも相手が大きすぎたなあ。

剱、でかいで。

冬の黒部か。ほんまによく通ったなあ。自分の居場所やったな。いっつも、剱と黒部にはほんま助けられたで。なんか行き詰まったときに、目の前に剱とかボーンって現われてきたら、『おー、行くでー』っていう感じ。

剱とは長い付き合い。あの場所にいたら、ほっとしたよ。それは、大の字になって伸びをするような『ほっ』ととちゃうよ。『うー』って、気が入る『ほっ』と。気が引き締まる感じ。

たぶん、これからの歴史で、僕ほど剱を登る奴は出てこないと思うで。そりゃ、こんなにエネルギーを費やすことありえんもん。芦峅寺の人たちだってありえない。これぐらい長い期間、剱に没頭しとる奴は現実的にありえない。毎年正月と3月に、2週間ここに来れる奴なんておるわけがない。

僕は日本山岳会の、明治の終わりから大正・昭和の初期の記録はずっと読んでいるからよく理解しているつもりだけど、冠《かんむり》松次郎《まつじろう》にはない世界を、僕らはもったという自負があるのよね。これってけっこう大きい自負でね。ほんとにしみじみ、冠の知らない世界を見たという自負を完全にもってるね。冠がおったら、『いやぁ、よう行きますなあ』って言うと思うよ。

僕は人生のほとんど大半、そこにおるもん。俺のエネルギーのほとんどは、俺のハートは、冬剱と雪黒部と、ヒマラヤやなあ。

僕は故郷が高知やけど、剱・黒部がもうひとつの故郷。それからやっぱりナンガ・パルバットが、もうひとつの故郷やな。

冬の剱や黒部で費やした時間を、皆に残したいな、というのがあるね。けっこうこれがいいのよね、なかなか皆には伝わらんやろけど。やっぱりいいのよ、剱とか、黒部はね。このよさをね」

＊

87年1月、和田は立山で滑落。右膝の十字靱帯を失った。しかし、その後も「もうひとつの故郷」である冬の剱、黒部、そしてナンガ・パルバットに向かい続けてきた。そんな和田が取材の最後にこうつぶやいた。

「今の若い30代の奴は何を考えているやろ。本当に壮大な夢とかロマンとかあるの。何するの、これから。僕が聞きたいくらいやわ。

一体全体、何をしたいんだろ、人って。教えてほしいわ。何もなくって、何かしているふりをしているだけなんちゃうん。それやったら、まずいよ。素直に何かしてるとしたら、そのしてることを教えてほしい。何をしたいかを」


（取材日＝２０１１年6月28日）

谷口凱夫

Profile

たにぐち・かつお　1938年、富山県生まれ。富山県立泊高校卒。富山市在住。57年、富山県警察官拝命。山岳救助隊員、山岳警備隊員、小隊長、副隊長を経て、90年山岳警備隊隊長就任。92年10月には秋の園遊会に出席。97年３月退職。2004年、行政書士事務所を開設。「山凱会」顧問。山凱会にて「日本百高山」および「越中の百山」を登頂。編著書に『翼を持ったお巡りさん』『アルプス交番勤務を命ず』『アルプス交番からのメッセージ』（すべて山と溪谷社）がある。

「登頂なきアルピニスト」と呼ばれる富山県警察山岳警備隊。われわれ山に登る者にとっては、とてつもなく頼もしい存在であると同時に、決してお世話になってはいけない存在のひとつともいえよう。1965年に発足したこの山岳レスキューのプロ集団は、これまでに剱岳を中心とした富山県の山岳地帯で数多くの遭難事故と向き合ってきた。その警備隊とともに、剱岳と40年以上にわたり付き合ってきた男がいる。

元富山県警察山岳警備隊長・谷口凱夫。

厳しい剱岳の自然環境と、芦峅寺《あしくらじ》の立山ガイドに鍛えられたという谷口。その剱人・谷口凱夫の言葉から、剱岳の魅力に触れてみたいと思う。

＊

富山と新潟の県境、朝日町の山あいの村で生まれ育った谷口の少年時代は、「物はないけど、自然だけはある」というような暮らしだった。

「イワナやヤマメはもちろん、サクラマスなど魚が豊富な川で遊び、木登りをしては栗を採り、山菜やキノコの知識、焚き火の仕方など、なんでも遊びのなかで覚えていった。それに家が農家だったから、畑や田んぼの仕事もしなければならなかった。炭焼きの手伝いで炭俵を担ぐようなボッカもした」

そのような自然とともにある暮らしは、後に山岳警備隊として活躍する谷口の精神と肉体を育て鍛えあげていく。

「今の時代にはない豊富な自然のなかで生活して遊ぶことで、おのずと体力や技術、それに危機管理や判断能力を身につけることができた」

高校を卒業した谷口は警察官になった。志望の動機はといえば、

「特に何もすることがなかったから」

そもそも富山の街に遊びに行きたくて、警察試験を受けるという友達に、自分もついていったのだという。

警察学校に入ると、夏に剱・立山へ登る山岳訓練があった。これが谷口と剱岳との出会いになる。

「あの岩と雪の険しい山を見て、イメージがガラッと変わった。なんちゅう凄い山だなあと思った。いっぺんに魅せられたというか、惹きつけられた」

それまで谷口は小学校の先生に連れられて、白馬《しろうま》岳北方の朝日《あさひ》岳に登った経験が

「剱岳を仕事場にして働けて、幸せだったと思う」

あった。自著『アルプス交番勤務を命ず』（山と溪谷社）のなかで、この朝日岳登山を「私にとっての山の潜在的な原点」と語る谷口だが、剱岳との初対面は、それまで彼がもっていた山の概念を大きく変えてしまうほど衝撃的な出来事だった。

それからは、交番勤務をやりながら、明けても暮れても暇を見つけては剱岳に登るようになった。しかし、バリエーションルートや長いコースは一人ではなかなか行けず、当時の警察には一緒に登る人もいなかった。

「そうして剱澤小屋に出入りするうちに、文蔵さんにえらくかわいがられるようになり、小屋に居候するようになった。当時の小屋にはいろんな山の浪人みたいな人たちがいて、その中の一人、高田直樹に岩登りに連れて行ってもらうようになった」

最初は別山尾根。やがて多くの時間を池ノ谷《いけのたん》で過ごすようになった。

「あるとき下宿のおばさんを〝買収〟して、嘘の休暇届を出して剱岳に入った。ところが、池ノ谷の二股でラジオを聴いていたら、富山市内で銀行強盗事件が発生、犯人が逃走中であるという。慌てて馬場島《ばんばじま》へ下りて、翌日署に戻ったものの、規律違反で身上記録に残ってしまった」

1950年代、早月尾根で訓練中の山岳警備隊。中央左端が谷口

それほど剱岳にのめり込んでいたのだと谷口は語る。

60年11月、休暇で剱岳をめざして入山していた谷口は、別山尾根で鯖江《さばえ》山岳会の遭難事故に遭遇する。このとき彼が吹雪の稜線で見たものは、必死に生を摑もうとしながら絶命した2つの凍死体と、錯乱状態に陥ったひとりの生存者だった。この吹雪のなかで生と死を分かつ現場に立ち会い、谷口は自分の進むべき方向を、遭難救助という道に見出したのだという。

50年代後半から60年代の剱岳周辺では、池ノ谷や東大谷《ひがしおおたん》などを中心に激しい初登攀争いが展開されていた。その一方で、遭難事故も増加、ことに積雪期には毎年のようにパーティ全滅の事故が発生していた。その現状を受けて59年に富山県警山岳救助隊を結成。62年には、上市署など山岳地帯を有する所轄署に、谷口のような山好きの警察官を配置して、救助現場への本格的な出動態勢がとられた。とはいえ、

「当時は装備も技術もなにもなく、芦峅寺の立山ガイドの後にくっついて、見よう見まねでやっていた状態だった」

救助隊発足当時、実際に遭難現場で救助活動にあたっていたのは芦峅寺の立山ガイドが中心だった。「剱の神様」と呼ばれた佐伯文蔵を親方に、佐伯栄治が現場のリーダー、最前線で動く実行部隊として文蔵の息子・佐伯友邦らの若手がいた。そこに、剱岳に通ううちに、いつしか剱澤小屋の居候のようになった谷口が加わる。

「このころの立山ガイドは、気はいいけど山に関しては厳しかった。文蔵や栄治は狩猟などの山の生活で身につけた動物的なするどいカンをもち、特に雪に対する感覚が全然違った」

山岳救助隊発足間もない62年8月、東大谷中俣本谷で北大生が雪塊崩落の下敷きになり、腰の骨を折る遭難事故が発生した。知らせを受けて栄治や友邦とともに谷

口は現場に向かう。遭難現場は落石や不安定な雪塊崩落の危険がある、中俣本谷最深部。そこから、つるつるに磨かれた急峻なゴルジュのなかを、安全な尾根上までケガ人を担ぎ上げなければならなかった。そのとき、現場でただひとりの警察官である谷口は、真っ先に志願してケガ人を担いで登りだす。相変わらず技術はなかったが、文蔵に「自分の体を賭けること」の大切さを教えられていたからだという。この5日間をかけた遭難救助における彼の行動は、文蔵たち立山ガイドを「警察にも大した奴がおる」と唸らせた。谷口はこの救助のあと、初めて、立山ガイドから一人前として認められたのだった。

谷口は山の大先輩である立山ガイドから、3つのことを教えられた。

1　自分の体を賭けること。

2　遺体を扱うときは、自分の身内を扱うように大切にすること。

3　遭難現場から火葬場まで面倒をみること。

谷口はこの教えを山岳救助隊員として実践し続け、それは現在の警備隊のなかにも強く生きている。

63年1月に薬師《やくし》岳で愛知大学山岳部による大量遭難が発生。これを機にさらなる体制の強化、装備の充実が進められ、65年にそれまでの山岳救助隊を発展解消して、富山県警察山岳警備隊が発足した。さらに翌年には富山県登山届出条例が制定され、剱岳周辺での遭難対策が強化されていった。

しかし、69年1月、剱岳周辺で15パーティが遭難、死者19人を出すという大量遭難が発生した。このとき、山岳警備隊とともに赤谷山《あかたん》へ救助に向かった芦峅寺の民間協力隊に二重遭難が起きる。このため佐伯栄治ら立山ガイドは、ボランティアではこれ以上危険を冒すことはできない、と総引き揚げをしてしまい、山岳警備隊は窮地に立たされた。しかし、「自分の体を賭けること」によって遭難者を無事救助。このことが、山岳警備隊が、自立した山岳レスキューのプロ集団へと歩みだすきっかけになった。

このころ、谷口を中心とした警備隊がめざしたのは、救助装備・資器材の充実強化と、迅速に遭難者を担いで歩くためのボッカ力や、岩と雪に対する救助技術力の向上だった。

「当時の事故といえば、池ノ谷や東大谷がほとんどで、どんなにがんばっても救急車の入る所まで二日二晩かかるようなものばかり。さらに、剱の3000m近い、カチンカチンに凍った稜線で活動することを考えると、厳しい訓練の必要性を痛感した」

そのような警備隊の活動実績の積み重ねは、やがて「県境で落ちるなら（警備隊のいる）富山県側へ落ちろ」とまで登山者に信頼されるようになった。

「昔は、足の骨が折れて突き出ているのを、引っ張って木で縛りつけて固定して、止血して担いで下ろした。だから、遭難者自身が痛くないはずがない。担いでいて、傷が何かに触れようものなら、こっちの首をぎゅっと絞めてきて、相手が痛がっているのがわかる。だけど、決して痛いとは言わなかった。こっちが一生懸命やっていることが担がれている者にもわかっていたから。助ける者と助けられる者とが、短い時間のなかで気持ちが通じ合うような、そういう救助活動だった」

現在の遭難救助はヘリコプターが主力になったが、すべてが人力頼みだった当時の救助活動には、強い連帯感を感じたと谷口は振り返る。

「なんでそんなつらいことをやるのか、と人に言われる。それは、人のできない危険と困難を伴う仕事だからできるものだ。誰でもできるようなことなら、決して長続きはしない。経験とか、体力、技術など、自分でなきゃできないことをやっている自信と誇りがあるから続く。死ぬか、生きるかという人を、まさに自分の手、力で救助しているという実感を現場にいると体感できる」

だが、つらい事故もあった。85年5月、遭難者の遺体収容作業中にブロック崩壊の直撃を受けて、郷康彦警部補が殉職。90年3月には、早月尾根カニのハサミ付近で訓練中の鍛冶啓一郎警部が雪崩により池ノ谷右俣へ滑落。5カ月後に遺体で発見されるという事故が発生した。これらを「痛恨の殉職事故」と振り返る谷口は、「なんで助けてやれなかったかという悔恨の念」や、「長期間、収容してやれなかった苦悩」を感じるという。

2011年2月には、訓練で小窓《こまど》尾根から池ノ谷ガリーを登攀中の山岳警備隊員3人が雪崩に巻き込まれ、そのうちのひとり、丸山政寿巡査部長が亡くなるという事故が起きた。

後を絶たない遭難事故。危険を承知で現場に入らなければならないという警備隊の宿命。厳しい環境に対応するための過酷な訓練。そして警備隊自らの事故。

「殉職という事故は絶対に起こしてはならないことだけど、厳しい自然を相手にしていて何が起こるかわからないのも現実。救助は、どんなにつらい思いをしても、危険だからといってやめられない。常に危険を冒しても行かねばならない。そういう危険な所で、自分の身を守るための技術や知識を身につけなければならない。そのための訓練の過程で事故を起こしていれば、何のためにやっているのかわからないという批判もあるけれど、それでもやらなければならない。警備隊は、安全と危険の狭間で、常にジレンマを感じながら活動している」

山岳警備隊発足以前から剱岳に恋焦がれ、剱岳に通い続けてきた谷口凱夫。彼はかつて開催した自分の登山教室の生徒を中心に作った「山凱会《さんがい》」という会で、今も山に通い続けている。東芦見《ひがしあしみ》尾根の支稜上の細蔵《ほそぞう》山や、小又川上流の大熊《おおくま》山などのヤブ山に登山道を整備し、黒部の坊主《ぼうず》山や奥木挽《おくこびき》山など、残雪に登路を見出す山々がその活動の場。登山道のない、2000mにいたらぬ山へほぼ毎週のように通う谷口は、会の目的のひとつは「いちばん好きな剱岳をいろんな角度から眺めること」だと言う。

「若いころは、剱岳以外は山ではないと思っていた。今は日本全国あちこちの山を歩くようになったが、やはり剱岳というのは日本一と思う。岩と雪の、谷の深さ、険しさ。それは穂高とは違う。別山や大日《だいにち》、毛勝や黒部別山など、どこから見ても姿、形がよい。それぞれが違った顔を見せてくれる」

＊

「県警の熊」とあだ名されたという谷口は、その名のとおり、大きなガタイをしている。今も太く、力をみなぎらせる手、肩、背中に、どれだけ多くの命が預けられ、つながれてきたのだろうと思う。

「落石や雪崩の危険があっても、そこに助けを求める者がいれば、最大限の安全対策をとって入らなければならない。それができなければ警備隊は務まらない。救助する満足感、達成感を感じる半面、剱岳という山が好きで、剱岳で人を死なせたくないという気持ちを人一倍もっている。剱岳を仕事場にして働けて、幸せだったと思う」

元富山県警察山岳警備隊長、谷口凱夫はこう語った。

（取材日＝２０１１年7月13日）

多賀谷 治

Profile

たがや・おさむ　1955年6月、秋田県生まれ。78年、富山登攀クラブを創立。83年、富山県山岳連盟によるナンガ・パルバット（8125m）遠征隊に参加。91年から山岳ガイド。2008年から立山ガイド協会会長を務める。映画『劔岳 点の記』では「山岳監督」を務め、山岳地帯での撮影のアドバイスや安全確保を担当した。公益社団法人日本山岳ガイド協会認定国際山岳ガイド。

自由。

山岳ガイド・多賀谷治は、それが山登りの魅力だという。何ものにも束縛されず、自己責任のもとで、自己判断を楽しむ行為が登山であるという。それゆえだろうか、多賀谷の風貌を言い表わすのに「飄々とした」という言葉がなんともしっくりくる。それは、登山の自由さに気づき、そんな登山を実践し続けてきた多賀谷だからこそ、醸し出す雰囲気なのだろう。

しかし同時に、多賀谷は「自由」である登山の厳しさ、難しさをも知っている。自らを「ちゃらんぽらんな男」と称する一方で、頑固なまでの強い言葉をもっている。それは自らの経験から染み出してくる言葉。それは剱岳という岩と雪の世界で鍛えられた山男の、「自由」であるための登山論なのかもしれない。

＊

立山山麓に暮らして30年あまりになる多賀谷。その彼が登山を覚えたのは、生まれ育った秋田県の大館時代。中学生のときだった。

憲兵をしていたという厳しい父親に育てられた多賀谷は、中学入学当初は柔道部に籍を置いていた。ところが柔道が退屈で、「畳の目を数えつつ、つまらない時間を過ごしていた」。ある日、多賀谷は校庭の片隅から上る煙を見つける。それは山岳部が炊飯訓練と称してインスタントラーメンを作っていた焚き火の煙だった。その楽しげな様子に、彼は当然のように引き込まれる。そうして必死に父親を説得、秋からは晴れて山岳部に入部した。

「山岳部、というよりも遊んでいるようにしか見えない集まり。休みのたびに、鍋とラーメンを持って山に行く。あっちの野原行って焚き火たいて、こっちの小さい山行って焚き火たいて。で、ラーメン作って帰ってくる。すばらしかったね、あれは」

厳しい父親の元で暮らしていた多賀谷にとって、山は自由世界への入口だった。

「ザックを背負って家を出て行くということ、それが自由そのものだった。登山のなかにこそ、自由がある気がした。自由、というのが、登山の本来の姿なのかもしれない。山に登るというのは、いろんな規制や規則、立場、そんなものとまるっきり関係ないところへ飛んでいくからね。中学のとき、登山のなかに、そんな自由の匂いを嗅ぎつけたような気がする」

これがまさに山岳ガイド・多賀谷治の原点だろう。飄々と、自由に、山を渡り歩

多賀谷治は、「自由」こそが山登りの魅力だという

く彼の生き方の原型だろう。

「中学の敷地内のヤブを踏み潰してテントを張って、3日くらいそこから学校に通っていた。そんなふうにテントを張った場所を5万図にマークしていたら40カ所くらいになった」

高校では山岳部に入らずに、単独行で山へ通う。規律をもって集団行動をめざす山岳部のあり方に、「自由」を感じられなかったためだ。

ある冬、彼は一人、白神《しらかみ》山系の田代《たしろ》岳の頂上に立った。正面には岩木《いわき》山、振り向くと真後ろには森吉《もりよし》山が見えた。

「あの風景を今でも覚えているということは、俺、相当感動したんだろうなあ」

それは、彼にとって山の原風景とでも呼ぶべき世界だった。そんなふうに身近な山に通い詰めていたころ、多賀谷は一枚の写真に魅せられた。

「八ツ峰《やつみね》だよね。仙人《せんにん》池ヒュッテから眺めた八ツ峰の写真。こんな山があるのかよ、と思った。秋田から通うと金もかかるし、近くに住んでしまおうかと思うほどに特別なインパクトがあった」

高校卒業後、山に登りたい一心で信州大学を受験する。残念ながらその願いはかなわなかったものの、その代わりに富山の夜学へと進み、「あの山のあるところ」へと流れ着くことになった。そして、以降この富山で、彼の登山人生が始まった。

富山に来て、本格的に山を始めることになった多賀谷は、まず山岳会に入ることを考えた。しかし実際に会に顔を出してみると、いろいろなつきあいや、協定などの制約が厳しくて、それは彼が登山に望む「自由」と相反するものだった。そこで立山山麓の雑穀《ざっこく》谷の岩場に通ううちに親しくなった仲間たちと、岩登り中心の山岳会、富山登攀クラブを創立する。23歳のころだった。

「普通のランニングシューズで池《いけ》ノ谷《たん》を登って、八ツ峰のⅥ峰とかチンネの左稜《さりょう》線《せん》を登っていた。会をつくってからそういうアルパイン登山や山スキーを本格的に始めた」

そうして、四季を問わず、剱岳に比べてアプローチの短い錫杖《しゃくじょう》岳の岩場に毎週のように通って腕を磨き、やがて冬の小窓《こまど》尾根などを登るようになった。

1983年、多賀谷は富山県山岳連盟のナンガ・パルバット遠征隊に参加。自身の登頂はならなかったものの、最終アタックメンバーをサポートするなどの活躍をする。帰国後、文部省（当時）の登山研修所を紹介され、講師として参加するようになった。ここで、「会わなかったら山岳ガイドにならなかった」という、2人のプロガイド・近藤邦彦と山本一夫に出会う。
「この2人からロープワークや技術、山のいろんな知識を学んだ。ガイドをする人たちって、こういうスーパーマンな人たちがやるんだろうとしか考えられなかった」

当時、司法書士事務所に勤めていた多賀谷だが、ヒマラヤ登山を繰り返すうちに会社勤めもしにくくなり、そして、「山、とりわけ剱岳と関わって生きていきたい」と考えてガイドになる。91年4月のことだった。

多賀谷は前記の近藤と山本から多くのガイド技術を学んだが、彼にはさらに、「山の生活や雪の知識」を学ぶ存在がいた。立山ガイドの村・芦峅寺《あしくらじ》の人たちだ。
「芦峅寺の人たちは山の先生よ。クライマーは取り付くまでは雪を見ているけど、取り付いたらもう、走って逃げればいい、みたいなところがある。でも、芦峅寺の人たちは、熊撃ちで、味噌だけ持って、何週間も山に篭っているから『雪を見る目』というのが身についている。それは、難しい壁を登ったからとか、高い山登ったからとか、そういうことでは身につかない」

多賀谷はこの20年あまりの間、春に劔澤小屋の小屋開けの手伝いをしている。毎年一週間前後、除雪作業などをして剱沢の雪のなかで暮らしているのだという。そこで学んだのが、芦峅寺の人たちの「雪を見る目」だ。

「そのころ劔沢にいると、今日は小屋から一歩も出るな、と言われる日がある。確率の問題だけど、それを無視して外で何かしていたら、そいつはきっと雪崩で死ぬ。もしかしたら雪崩れないかもしれない。だけど、予防というものは、外れる可能性があったとしても全然それを後悔しない。それが当たり前だ」

その経験は、ガイドとして山に入るときに生かされている。

「11月の室堂に山スキーのガイドで入ったときに、自分が滑ろうと思った斜面が、こりゃ雪崩れるぞと思うことがある。でも、あとからくっついて登ってきたほかの連中が、かまわずそこを滑ってしまうことがある。自分のお客さんはその連中を見て、『あんたがだめ言うた斜面を、あの連中おいしそうに滑ってしまって、なんだ雪崩れないじゃないか』と言う。そこんとこの葛藤って、苦しいよね。でも、それが外れて自分から離れていくお客さんは仕方がないのかなと思う。だから、自分ら以外の人間が大勢来る山域で、山スキーを展開するというのはとてもおっかない。

自分だけの判断ではすまない部分がある」

多賀谷の「雪を見る目」は、普段の立山山麓での生活や、さまざまな山域に出かけることで養われている。普段から天候や温度、雪質などに気をかけることで、特定の山にいなくても、そこの山の状態などをある程度想像することができるという。

「冬の間中、西穂高《にしほたか》や、山スキーで栂池《つがいけ》や八方《はっぽう》、妙高《みょうこう》なんかに行って、あのときの雪の感じがどうだったとか、気温とか、北側の斜面は霜ザラメがあったぜ、とか、どっち面滑ったらどうだったかというような。そんな雪のコンディションや感触を、何人かの話や、いろんな場所の情報と合わせれば、『雪を見ること』ができるはずだ」

多賀谷は2008年から10年間、立山ガイド協会の会長を務めた。協会に所属する約20人のガイドを束ねる重要な役職であった。

「ガイド中にお客さんが死んだ場合、ガイドである自分に責任があるなしにかかわらず、ガイドをやめるのが掟やぞ、と皆に言っている。人を殺《あや》めといて、1年後に復帰できるなんて、そんな軽いことじゃだめ。そういう覚悟、根性が必要だと思う」

そんな多賀谷は、遭難事故に対する検証や分析が、まだまだしっかりなされるべき余地があるのではないかと指摘する。

「事故の検証は、結果的に誰かを傷つけてしまう性質がある。だから悪者を出さないような反省や報道がなされることが多い。その結果、どうしたら事故が避けられたのか、という部分が結局語られないことが多い。だから、当時は生々しくて反省が難しくても、時間が経ったあとで、どうしたら防げたのかについて、もう一度あらゆる分析をして、遭難を防ぐためにきっちりととどめを刺さないといけない。亡くなった人が犬死ではなく、その経験を生かすという方法があるはずだ」

たとえば、年末年始の早月《はやつき》尾根は登山者も多く、事故も数多く発生している。その過去の事故から、われわれ登山者は遭難を防ぐために、本当の分析や反省をしているだろうか。過去の事例を振り返りながら、多賀谷は言う。

「剱という、すごいラッセルをしなければならない山で、アンザイレンをせずにラッセルを交代しながら登るというのはいい度胸だと思う。雪崩の原因になるあられなどの弱層は、傾斜が強いところよりも緩いところに、南面よりも北面に残りやすい。だから、傾斜の強いところをベテランがトップで登り、緩くなったところで新人に交代して、その直後に雪崩れるケースがある。自分ならアンザイレンして、各自にアンカーを取らせてからトップでラッセルして登り、がっちり確保をしてから後続を登らせる。ラッセルをするときにもしっかりアンザイレンすることが大切だ。そもそも、アンザイレンという機会を多くして、実践のなかでザイルの使用機会を増やさなければ、いつまでもザイルを出すのに時間がかかる」

＊

「ちゃらんぽらんな男」と自らを称する山岳ガイド・多賀谷治。たしかにその飄々とした風貌や物言いは、「ちゃらんぽらん」といえなくもない。しかし、ひとたび彼が、山や遭難について語りだしたとき、その「ちゃらんぽらん」さは影を潜める。この男の本音がどちらなのかはわからないけれど、「自由」に山を登ってきた自らの経験が強い自信となって、芯の通ったメッセージとして溢れ出してくるのだろう。

そんな多賀谷にとって剱岳とは、

「個人的に行っても好きだし、楽しいし、いろんなことを教えてくれる。ガイドとして行っても、やっぱりやりがいのある山。お客さんが来てくれて、職業として成立させてくれる山」だと言う。

そしてさらに多賀谷はこう語った。

「22歳で初めて剱に行ったとき、ビニールポンチョしか持たなかった自分に、剱澤小屋の佐伯友邦さんが『これ使われよ』と、雨具を貸してくれた。なんて親切な小屋なんだろうと思った。そんな人間関係を含めて剱が好き。友邦さんがいて、奥さんの里子さんがいて、剱御前小舎《つるぎごぜんごや》とか剣山荘《けんざんそう》とか、馬場島《ばんばじま》荘とか早月小屋とかがあって、そこの人たちがみんな好きで。それも剱岳なんだよね。小屋に行くと、『おお来たか』と言うてくれて。そういった空気を吸いに来とる、ということだよね」


（取材日＝２０１１年7月13日）

山本宗彦

Profile

やまもと・むねひこ　1959年、東京都生まれ。元明治大学山岳部監督。82年、ボゴダⅡ峰（5362m）初登頂。84年、カンチェンジュンガ（8586m）南峰8250mまで、主峰8300mまで。85年、マッシャーブルム（7821m）北西壁初登攀、ブロード・ピーク（8047m）登頂。87年、ラカポシ東峰（7010m）第2登。88年、チョモランマ（8848m）北東稜より登頂。92年冬、白馬岳～名剣尾根～小黒部谷～赤ハゲ尾根～劔岳。95年、マカルー（8463m）東稜初登攀。97年冬、針ノ木岳西稜～爺ヶ岳。98年冬、水晶岳～黒部川横断～薬師岳Ⅰ稜～折立。99年冬、唐沢岳幕岩～燕岳。2000年冬、劔岳八ツ峰Ⅳ稜。02年冬、鋲ヶ岳～猫又山。03年冬、五竜岳～黒部川横断～北仙人尾根～劔岳。05年残雪期、白ハゲ東稜。05年冬、赤谷尾根～赤谷山。07年残雪期、赤ハゲ東稜。07年冬、白萩尾根～白萩山～赤谷尾根。

その男は丁寧に折りたたんだ地図を広げた。黒部、小黒部、剱岳北方稜線が含まれた2万5000分ノ1地形図。そうしてその地図のなかに、およそ一般登山者が思いもよらないようないくつかの尾根を指し示した。白萩《しらはぎ》尾根、白ハゲ東稜・西稜、猫又《ねこまた》西稜……。その様子はまるで、自分の宝物をこっそりと見せてくれるかのようなな、そんな雰囲気だった。

男の名は、山本宗彦。明治大学山岳部監督（当時）。チョモランマ北東稜やマカルー東稜、カンチェンジュンガ、マッシャーブルム、ブロード・ピークなど、数々の高峰に挑んできた登山家だ。その一方で、彼は冬の剱岳、とりわけ北方稜線や黒部横断に挑み続けている。若い学生登山者を、山岳部監督という立場で指導する傍ら、自ら剱岳北方稜線へ毎冬のように通い続ける山本。彼を魅了し続ける冬の剱岳や北方稜線、そして山本宗彦という登山家に触れてみたいと思う。

＊

山本の登山は、中学二年生の9月に登った秩父《ちちぶ》の山から始まる。小学校高学年のころから、昆虫採集の延長で野山を歩くことがあった山本だが、「登山」を意識し始めたのはこの秩父が最初だった。

「中学生のときは卓球部にいたが、勝ち負けにこだわる競技の世界が自分には向かなかった。それに対して、自分で計画して、自分で調べて、自分で登る、という登山が性に合っていたんだと思う」

競技スポーツよりも、自分にしっくりくる「登山」に出会った山本は、高校に入ったら山岳部に入ろうと決心する。そしてさらに、

「これから山をしっかり続けるなら、しっかりした大学山岳部に入りたい。それならどこの大学がいいだろうと考えた末に、明治大学山岳部を目標に置いた」

山本の祖父と父親が明大山岳部出身で、彼らの口から山岳部の話を聞くことがあったり、いろいろな本を読むと明大山岳部のことが出ていたり。そんなことから、「しっかりしている山岳部」というイメージがあったと語る。しかし一方で、それだけ明大山岳部を意識していたにもかかわらず、「植村直己のことはあまり頭になかった」と言う。

高校受験を前にした中学生が、「しっかりした山」をやるために大学を視野に入れて自分の進路に思いをめぐらす。そして挙句の果てに、

「高三のときに受験勉強で山に行けないというのはできれば避けたかったので、そ

「装備や技術だけでは対処できない山のひとつ、それが剱岳だ」

れなら明大の付属高校を受けようと思った」

当時の担任は「絶対落ちるからやめろ」と反対したというが、登山で覚えた「計画して、それを実行する」という行為を受験勉強に置き換え、山本はみごと志望校に合格した。

「受験勉強を苦痛とは考えなかった。自分がやりたいことをやろうとしているんだから、大変とは思ったけれど、苦しいとかつらいとかはなかった」

高校入学と同時に、山本はかねてからの計画どおりに山岳部に入部する。

「高校の山岳部は自分たちが好きなときに、好きな所へ行ける部だった。冬山に行くこともあり、顧問なしで生徒だけで山に行くこともあった。自分たちで計画して、自由に山登りをする。それは非常に幸せなことだった」

高校時代の思い出に残る山行は、二年の夏山合宿で行った、北岳《きただけ》から聖岳《ひじりだけ》まで8日間かけた縦走だった。当時の山本にとって劒岳は、「名前ぐらいは知っていたが、行ったこともなかったし、頭の中では槍《やり》ヶ岳や上高地の方が好きな感じがしていた。OBから劔の話を聞くことはあったかもしれないが、頭に残っていない。南アや奥秩父、それに越後《えちご》三山とか上越《じょうえつ》の山に興味があった」

そんな自由なスタイルの登山こそが、彼にとって、登山の原点のひとつになっている。その後大学山岳部を経て、ヒマラヤの高峰へ挑むことになっても、この「自由」が山本の登山を支え続けてきた。

１９９５年、マカルー東稜での遠征で山本は登攀隊長を務めた。このとき、地雷原のような危険なルートを前に、自分の判断で仲間を失うかもしれないということに恐怖を感じた。なぜ、こんな危険なことをするのだろう、と考えながら登ったという。そのとき山本の心に浮かんだのは「自由」だった。

「これって自由の表現なんだな、と思った。一歩間違えば大変なことになるけれど、誰からも強制されないことを自分たちの意思でやるということ、そのひとつの表現が登山なんだと思った」

だから、

「登山はスポーツというよりも、芸術というか、一種の信仰に近いのでは」

と山本は考える。

「自分が好きで選んだことは、自分でとことんやるのが当たり前なんだ」

ということが、高校山岳部で過ごすうちに、自然と刷り込まれていった。

しかし、山本にとって原点である「自由な登山」が覆されるときがあった。明治大学山岳部での登山である。

「ショックというよりも驚きだった。こういう登山があったのか」

それは、「幕営技術を養成する」とか、「雪上歩行技術を習得する」とか、常に目的が設定されていて、その目的を達成するために、場所と時期と登り方が決められた登山だった。いわば、好きなときに好きな所へ行く登山の対極にあるような世界。山本は、この「明治大学の山登り」とでも呼ぶべき登山を、徹底的に叩き込まれていく。

もちろん、自らの登山の原点である「自由な登山」との矛盾を感じることもあった。大学一年生の後半、山本は、「こんな、言われたことばかりやっていていいんだろうか、という自分の疑問に対して、上級生が何と答えるかを聞いてみたくて」質問をしたという。その答えは至極簡潔、「4年間は修業だからな。やりたい登山は卒業してからやるもんだ。だまされたと思ってやってみろ」というものだった。

また、こんな思い出がある。入部して最初の合宿で、靴ずれになって苦しがる同級生がいた。それを見た上級生が、その靴ずれの所を蹴飛ばして無理やり歩かせた。

それは驚くべき光景だったが、上級生は言い放ったという。

「お前が靴ずれを起こしたら、山はやさしくなるのか」と。

しかし、自分の山との矛盾を感じたり、厳しい合宿を経験したりしても、

「自分はずっと明大山岳部に入りたいと思っていたので、そういうことも嫌だと思わなかった。そういうもんなんだと思った」

山本は一年生の春山合宿で、忘れられない経験をする。奥大日《おくだいにち》尾根から剱岳をめざす途上、カガミ谷乗越《のっこし》付近で猛吹雪に遭った。尾根上に立てた赤旗を探すために、山本は三年生の先輩の確保を任された。吹雪のなか、ロープをつけてその先輩は登りだしたものの、すぐに確保する山本の所まで戻ってきて、彼にタックルをして怒鳴りつけた。

「馬鹿野郎、お前がいい加減な確保をしているからだ」

視界の利かない猛吹雪のなか、山本のいい加減な確保に気づいて彼は戻ってきたのだという。このとき山本を怒鳴りつけたのが、後にアンナプルナ南峰やナンガ・パルバット、チョ・オユーなどを登頂する中西紀夫だった。

「いろんな上級生にいろいろ教わったけど、これがいちばん強烈だった。中西さん

には本当に感謝している」

山本が明大山岳部で学んだことのなかで、彼の登山のもうひとつの原点をなすものに、「地形図から自分たちが行くルートを探す」という登山の仕方がある。そのきっかけは、黒部側の猫谷《むじなだに》尾根から白馬《しろうま》岳をめざした一年生の冬合宿だった。黒部峡谷鉄道の猫又駅付近から取り付く猫谷尾根という、まったく無名な、いわば得体のしれない尾根を、なぜ合宿の場に選んだのかを、当時山本は疑問に思った。

「まず地形図をよく見て、自分たちに行けそうな所を探す。その上でそこを偵察して、技術的にはやさしいかもしれないけど、記録がないとか、情報がない所に行くのが、自分たちの力をいちばん高めるいい方法なんだと教えられた。地形図から自分たちが行くルートを探す、というのが登山のひとつのおもしろみなんだということを、そこで刷り込まれた。今も、冬の北方稜線などで自分がめざしているルートの選び方でも、そのやり方がずっと続いていると思う」

山本は、先に挙げた一年生の奥大日尾根での春合宿で、初めて剱岳を間近にする。「剱の迫力に圧倒された。と同時に、雪というものがこんなにも大変なものだったのかという認識をあらたにした」と言う一方で、

「すごいな、と言いながらも、それは上級生が計画した山で、そんなに自分の思い入れが強くあったわけではなかった。他人の計画に参加させられて、訓練させられている、という感じだった」

「上級生はよく剱の話をしていたし、なかには、剱でなければ山ではない、と言い放つ先輩もいた。だから、剱っていう山は、ほかの山とは少し違うのかな、という印象があった。ただ、何が違うのか、どうしてそう言うのか、それは語られたことはなかった」

当時は剱に対して格別な思い入れをもたなかった山本だが、二年生になり、新しいリーダーの下で、冬の剱岳集中登山の計画が発表されると本格的に剱に行きたいと思うようになる。小窓《こまど》尾根、赤谷《あかたん》尾根、早月《はやつき》尾根からそれぞれ剱をめざす合宿計画。このとき初めて、

「剱が頭の中に具体的に入ってきた」。しかし結局、合宿は毛勝《けかち》から赤谷山の往復で終わった。

「赤谷山から見える剱を見て、あそこに行きたかったたな」

という思いが山本には残された。

山本のその悔しさは、翌正月に晴らされる。上級生として、初めて劔へ行く合宿計画を立て、赤谷尾根から劔岳本峰を経て、早月尾根下山を完遂する。80年から81年にかけての冬、五六豪雪の年だった。

「雪ってこんなに怖いものなのかと思い知らされた。早月に入っても、背丈を超えるラッセルが続いた。こてんぱんにやられたが、計画を完遂することができて、達成感という言葉が薄いかもしれないけれど、そういう気持ちが大きかった。自分たちが信じたことをやっていれば、こういうこともできるんだ、と思った」

そしてこのとき、「いつか、もっと北方稜線の末端から縦走してみたい」とも思ったという。

劔から大きな達成感を得た山本だが、しかし、この合宿を後に彼はしばらく劔の山域から離れる。

「振り返れば、どうしたのかなと思うし、残念な気もするけど、当時は赤谷から本峰よりも長い縦走をしたいと考えて、その結果、一度劔から離れた」

そうして大学卒業。それと同時に、山本は日本の山を離れ、海外の高峰へと挑戦する機会に恵まれた。

「海外へ行くと、少し日本の冬山がおろそかになった。冬山にも行ってはいたけれど、あまり重たい登山をしなかったので、今では反省している。だから、海外登山が一段落したころ、日本の冬山の原点に戻ろうと思った」

山本にとっての、日本の冬山の原点。それは、「地形図を読んで計画」して、行きたい山に行くという「自由」なスタイルの登山。そして、学生時代に豪雪の赤谷山から劔岳を縦走したような、重厚な登山といえるだろう。そうして山本は92年冬以降、冬の黒部横断と北方稜線の縦走を繰り返し、今に至っている。

「02年の北方稜線末端の鋲《びょう》ヶ岳から猫又山も、03年の五竜《ごりゅう》から黒部横断して、北仙人《せんにん》尾根を登って本峰に立ったときも、同じように強烈な印象をもっているし、よかったと思う。でも、07年に登った白萩尾根は、大学三年生のときにその尾根を見つけてから、20年来の宿題を達成できたという思いが強い。地形図でルートを見つけて、行けるかどうかを調べて、観察して、偵察して、そういうことを繰り返して冬山に挑む。いまだにそんな学生時代の山を引き継いでいる。そうやって登るのが自分の登り方だから。力があるわけじゃないから、繰り返し登って、夏にも登って、土地勘をつけて、そういった蓄積のうえで厳冬期に挑みたいと思っている」

山本は、来年の正月、やはり白萩尾根と同様に地形図から自分で見つけた赤ハゲの東稜へ行く予定だ。

「黒部横断よりも、北方稜線に憧れる。それは北方稜線が剱の頂点にまっすぐにつながっているから。横断は、言い方が悪いけど、『あえて何かを付け足す』という気がしなくもない。単純に言うと、黒部川を渡るということよりも、北方稜線そのものに惹かれている。その北方稜線の、まだ手がつけられていないような支稜から本峰をめざすのが自分の課題。そういうルートは、情報がないヤブ尾根なので、行ってみないとわからない。そのときに、自分のもっている技術と経験と知恵で対処するのが醍醐味だ。そして、そういうフィールドが、剱にはいっぱいある。未知のフィールドがまだまだたくさん残されていると思う」

＊

山本宗彦という登山家がいる。実直、という言葉がぴったりくる登山家だと思う。その彼がめざす登山には、地味で泥臭く、まっすぐな情熱を感じる。

「剱本峰という頂点があって、それに向かってすべての力が集中していく。八ツ峰も源次郎《げんじろう》も、早月も別山尾根も、そこに向かって集約していく。一見、独立しているかのように見える北方稜線も、最後は剱の頂上へ向かっている。剱に行くための尾根ではないかというイメージがある。そんなふうにすべての力が、ただ一点に向かっていく。それが剱だと思う」

さらに、山本は語る。

「どんなに装備、技術が進歩しても、あれだけ雪に降られたらなすすべがない。そういうなかで、いかに我慢できて、耐えて、生き延びられるかが大事。装備や技術だけでは対処できない山のひとつ、それが剱岳だ。だから、自然とは闘う対象ではなくて、常に謙虚に接しなければいけないと思う。自然の都合のなかで遊ばせてもらっているという気持ちを忘れてはならない」

（取材日＝２０１１年９月20日）

本郷博毅

Profile

ほんごう・ひろき　1962年、富山県生まれ。公益社団法人日本山岳ガイド協会山岳ガイドステージII、スキーガイドステージII。谷川岳一ノ倉沢、穂高岳屏風岩、丸山東壁、奥鐘山西壁、赤石沢奥壁などの岩壁登攀を中心に活動。92年、ヨセミテでのクライミングを初めて経験してから海外登山にも通うようになり、ネパールの6000m峰にほぼ毎年登りに行く。近年は膝腰の不調でアルパインクライミングからは遠ざかる。映画『クライマーズ・ハイ』『岳』で演技指導、スタントを行なう。

日々山で活躍する数多くの山岳ガイドがいる。彼らがガイドになったきっかけは、人それぞれの理由があるはずだ。山が好きだから。山と関わる仕事がしたいから。山の楽しさを人に伝えたいから……など。

しかし、劔岳を中心に活躍する山岳ガイド・本郷博毅の場合は、生き死にに明け暮れた自らのクライマー時代の経験がその根幹にある。それは「死」だ。あまりにも身近で繰り返された死亡事故に対する嫌悪感がそこにある。

「こんなに人が山で死ぬのはおかしい」と思ったことが、ガイドという職業に自らを導くことになったきっかけだという。嫌というほど「死」を経験してきた本郷だからこそ、「生」の大切さを強く実感している。だから彼がガイドとして発する言動は、自らに対してはもちろん、他人に対しても人一倍厳しい。それはまさに、厳しい劔岳と対峙する山岳ガイドにふさわしいあり方に違いない。

＊

劔・立山の山並みを遥かに見渡す、富山市四方《よかた》。富山湾に面するこの街で本郷博毅は生まれ育った。売薬を営む家庭の都合で小学生までは富山と新潟を行き来しながら暮らし、中学、高校時代は新潟で過ごした本郷。今から10年ほど前、就職してから暮らしていた東京から、山岳ガイドとなってこの街に戻ってきた。

そんな本郷にとって原風景の一角を成すはずの剱・立山連峰は、「行きたくない場所」だった。それは本郷の幼少時代に相次いで起きた、大量遭難事故が原因だ。1963年1月に薬師《やくし》岳で愛知大学山岳部員13人が遭難、69年1月には剱岳周辺で19人が亡くなった。そのため本郷は、両親や祖父母から「山をやったら勘当」と言われながら幼少期を過ごす。当時の本郷家は、学校登山にも参加しないほど「山に対してネガティブ」な家庭だった。

小学校から高校まで野球一筋だった本郷は、野球推薦での大学進学を望むが叶わず、獨協大学（埼玉県草加市）へと進む。下部リーグに所属する大学の野球部には魅力を感じられず、たまたま出会った高校時代の知り合いに誘われて、山のサークルに入った。大学に仲間もいなく「ブルーになっていた」という本郷。「幼少期からの山に対するネガティブな気持ちより、寂しさが勝った」

サークルに入って本格的に山を始めた本郷は、利尻《りしり》や礼文《れぶん》、屋久島《やくしま》などで縦走中心の登山を行なう。バスを使わず徒歩でアプローチするなど、旅的要素の強い活動だった。初めて剱に登ったのは二年生の夏休み、富山への帰省のついでのことだっ

「剱をガイドするのには覚悟がいる。すごく緊張する。普通の山じゃない」

た。朝イチのアルペンルートで扇沢《おうぎさわ》から室堂《むろどう》へ入り、とにかく走って別山尾根から頂上を往復。その日のうちに室堂から立山へ下山して、実家へ帰った。「真っ黒に日焼けして帰るから、親に山をやっていることがバレてしまった」。しかし彼の両親も、さすがにもう大学生の息子をとがめることはしなかった。

大学卒業後はコンピューター関連の仕事に就き、東京で暮らす。生活が落ち着き始めたころ、社会人山岳会の登高会嵓《くら》に入会した。「クライミングが本格的にしたかった」というのが理由。山のサークルで鷹取《たかとり》山や日和田《ひわだ》山でクライミングの練習をしたとき、本郷はクライミングが「俺に合うな」と思った。学生時代に極真空手部にも籍を置いていた彼は、「短時間で勝負がつくスポーツが自分には向いている」と語る。

登高会嵓で本格的なクライミングを始めた本郷だが、しかしそのアルパインクライミングデビューの谷川岳《たにがわ》一ノ《いち》倉《くら》沢で、本格的な「生き死に」をも経験する。

5月、変形チムニーの取付へ向かう本郷が、テールリッジの下部で見たのは、前日に奥壁ダイレクトから滑落して亡くなった2人の遺体だった。

「うわーって思った。俺がやろうとしていることは、こういう場所なんだと」

岩場を染める生々しい血、散乱する装備。凄惨な現場を後に、壁に取り付く。そうして終了点から南稜《なんりょう》を下降して無事に戻って来たときに、「生きていてよかった」と生まれて初めて感じた。

「生と死の現実、失敗したら『こうなる』というのを一日の中で見てしまった」

このときの経験は、本郷をより一層クライミングへと向かわせるきっかけとなった。そして何よりも、「これ以上突っ込んだら『ああいうふうになる』というように、今でも自分の判断のベースになっている」

クライミングにのめり込んでいった本郷は、登高会崑のみならず、山岳集団あんぺいじ、岩峯登高会、秀峰登高会、ＪＥＣＣなど、パートナーを求めて所属する会を変えていく。当時「自分に登れない壁はない」と思っていた彼は、一ノ倉沢から穂高、黒部、甲斐駒《かいこま》、唐沢《からさわ》岳幕《まく》岩など、自分が登ったことがない岩場を求めて、「レベルの高いものを漠然とめざしていた」

その一方で、もう一つの現実を突きつけられる。「死」である。

「とにかく死亡事故が多すぎた。自分が山をやめたら死んだやつに申し訳ない、と思って続けてきたが、死亡事故が繰り返されるうちに、もう嫌だ、と思うようになった。死亡事故が起きて、その家族が泣いている様子を何度も見ている。そんなことが、ほんとにつらくなって」

崑にいたころから本郷は、東京都山岳連盟の遭難対策委員と救助隊の隊長を務めてきた。その関係で日本山岳協会（当時）から要請を受けて、レスキューの講習会を開くこともあった。そんな実践と指導の場を繰り返すうちに、「中途半端な立場では指導の説得力がないし、ガイドという資格が欲しいと考えた」

98年、ガイド資格を習得。はじめは兼業だったが、2000年ごろからは専業ガイドとなった。

「死亡事故が繰り返し起きて、こんなに人が山で死ぬのはおかしいと思った。ただ山が好きなだけだったらこんな仕事はできない。どこかで冷めたところがないと務まらない」

繰り返される死亡事故のつらい経験が、本郷にガイドとしての本質を植え付けたのであろう。

当時JECCに籍を置く本郷だったが、土日はガイド業を行なうようになったため、次第に自分の山からは遠のいていく。ガイドとして向かったのは谷川岳や穂高など東京に近い山が中心で、逆に遠く離れた剱へは、年に1回か2回行く程度だった。

05年、ガイドとなった本郷にとって痛恨の、「最初で最後の死亡事故」を起こしてしまう。それはヒマラヤ・メラピーク（6476m）での出来事だった。頂上登頂直後、65歳のゲストの男性が急に倒れ、そのまま亡くなってしまう。「前兆なき、突然死」であった。天候悪化の兆しのなか、遺体を山頂に置いて下ることを主張するサーダーに対し、本郷は自力での搬出を開始する。しかし、ほかの女性ゲスト2人を伴い、さらに遺体を引きずっての下降は困難を極め、先頭を歩いていた本郷はクレバスに滑落してしまう。辛くもロープで引き上げられ、なんとか無事にBCに帰り着くことができたが、足指先を切断するほどの凍傷を負ってしまった。

後日、カトマンズの空港で遺族を迎えた本郷は、その妻から「主人を亡くすためにこのツアーに参加したわけではない」と激しく叱責を受ける。もともと「人を殺したらガイドは廃業」と考えていただけに、「俺のガイド人生も終わりだな」と思った。

しかし帰国後、再びその妻の元を訪ねると、「主人がお世話になりました」と言われて驚く。本郷が命がけで夫の遺体を下ろしたことを後から知って、不用意に彼を責めたことを謝りたかったのだという。さらに後日、彼女から「私をガイドして山に連れて行ってください」という依頼が本郷の元に届く。その一言が、彼をガイドとして山に呼び戻すことになった。「やらなきゃ」と思った。

一つの「死」を通して、ガイドとゲストの深い信頼関係が生まれた。それは、「山の死」を繰り返し経験してきた本郷の、誠実な態度と行動があったからにほかならない。

再び山岳ガイドとして活動を始めた本郷は、06年、真砂沢《まさござわ》ロッジの当時のオーナー、佐伯成司《まさし》と出会う。

その夏、内蔵助平《くらのすけだいら》経由のルートは、丸山東壁下部の崩壊により通行困難となっていた。自らガイド資格をもつ成司は、そのルートで真砂沢へやって来た本郷の、ガイドとしての高い力を見抜く。一方、本郷は、面倒見のよい成司の魅力に惹かれ、「惚れて」しまう。当時の成司はクライマー寄りの考え方をしていて、早朝に出発するクライマーに配慮した小屋のあり方などを模索していた。以来二人は親交を深め、その挙げ句、本郷は、「剱ばかり行くようになってしまった」と言う。

「佐伯成司に会わなければ、剱には来なかった」

　当初は東京から「通い」で剱をガイドしていたが、10年に富山の実家へ戻る。同時に立山ガイド協会に入り、剱周辺を中心に活動するようになった。

「剱は子どもの時からずっと見ていて、親からは行っちゃいけないと言われてきた山。そこを職場にしてしまって、親不孝だと思う」

　そう彼は言う一方で、「日本で唯一、無雪期でも、岩と雪に触りまくれる山。それは、国内では剱でしか味わえない経験だと思う。そこを職場にできるって、すごい。そういう所でガイドできるというのは、山岳ガイドとして本望だし、魅力ややりがいを感じる」

　しかし、それだけに剱でガイドすることは難しいと言う。

「剱をちゃんとガイドできるためには、日々、雪渓がどうなっているかとか、岩の崩壊箇所がないかとか、アンテナをしっかり張って、それがベースになければガイドできるような所ではない。そういう自然の変化に対応するためには、しょっちゅう剱に入っていないとだめ」

「穂高は小屋が稜線にあるので安全面では圧倒的に有利。剱にはそれがないし、エスケープが難しいので、ガイドをするのに覚悟がいる。すごく緊張する。普通の山じゃない」

それに加えて重要なのは、ゲストとの信頼関係だ。

「自分は初めての人の、バリエーションルートのガイドは受け付けない。相手によっては別山尾根であったとしても引き受けない。剱って、天候が変わりやすい山なので、ほんの数時間のチャンスで行くか行かないかの判断をするときに、相手が下りでしっかりと歩けるかどうかわからないのでは不安。必ず何回かほかの山を一緒に行ってから、剱に行くようにしている。天候がよければなんでもない所でも、やっぱり濡れたら怖い。ガイドにいくら技術があっても、お客さんを怖がらせたら終わり。それでは登る意味がない」

雨でも別山尾根を登らせるツアーもあるが、「お客さんがかわいそう」だと言う。雨の中、なんとか頂上を往復できたとしても「怖い思いをしたら、もう二度と剱に来ないだろう」

しかし、最近本郷自身が「魔が差した」という出来事がある。8月の八《や》ツ峰《みね》をガイド中、VⅥのコルに着いたとき、彼は経験から「あと2時間後に雨が降る」と感じた。ゲストには長次郎谷《ちょうじろうたん》経由で本峰に向かうことを提案したが、「どうしても登りたい」というゲストの声に押され、この後池《いけ》ノ谷乗越《たんのつこし》から土砂降りの危険な稜線をたどることになった。「やっちゃいけないことをやった。ああやって事故を起こすんだな」と後悔する本郷は、「お客さんに流されてはいけない。例えそれでお客さんが来なくなったとしても」。だから、「自分の判断を理解してくれる、信頼関係があるお客さんと行くことが大切」だと感じている。

「劔に惚れてほしい。劔って、すごいたくさんルートがある。別山尾根に登ったら、今度は日本海側から早月尾根に登ってみたいとか、目の前にある源次郎《げんじろう》尾根に登ってみたいとか。そういうふうにつながってくれると、すごくうれしい」

＊

インタビューの最後に、好きな劔の風景は、と尋ねると、だいぶ迷ってから、本郷はぼそぼそとつぶやいた。

「劔、なんですよ。何かこれ、っていうものじゃない。いろいろありすぎて。でかすぎちゃって、劔って」

本郷は、「剱・立山にいる人たちはいい人たちばかり」という。「みんなあったかい」と。だからきっと、この山塊にある、岩や雪、人、まとわりつく生や死。それらすべてを含めた、「剱という存在そのもの」。それこそが、本郷にとっての「剱」という風景なのだろう。

（取材日＝２０１９年12月19日）

坂本心平

Profile

さかもと・しんぺい　1970年、島根県松江市生まれ。学生時代はワンダーフォーゲル部、続いて山岳部に籍を置く。山岳部在籍当時、年間140日以上入山し、留年となる。卒業後、公務員となるが3年で退職。97年、山小屋の世界に入る。しばらくの間、春から秋は山小屋勤務、冬は海外で貧乏旅行という生活を送る。立山、甲斐駒ヶ岳、北アルプス・薬師岳、そしてまた劔・立山へ、各地の山小屋スタッフとして働き、2017年から真砂沢ロッジを経営。また、04年、立山の麓、芦峅寺に移住。時代を超えて山と人をつなぐ時間の流れのなかに身を置く。先達の後を追いながら、山仕事、雪の扱い方、山菜採り、狩猟などを学びつつ今に至る。

「今なお、旅の途上にいる」と、真砂沢《まさござわ》ロッジのオーナー、坂本心平は言う。静かに、丁寧に、じっとこちらの目を見つめて。「人の縁とつながり」という流れに乗って、長く山を渡り歩いてきた彼は、「まだ自分がどこにたどり着けるのかわからない」と言う。剱の奥懐・真砂沢と、立山開山以来1000年以上の歴史をもつ集落・芦峅寺《あしくらじ》。そんな山と山麓での暮らしのなかで、「この先に見えてくるもの」を待ちわびている。それを、「どういう形で経験できるか」を楽しみにしている。山と麓に流れる時間と、そこに広がる空間のなかで漂うように、坂本心平の旅は今も続いている。

＊

島根県生まれの心平が、山に興味をもったのは小学生のころ。星を見るのが好きだったことがきっかけだ。高校時代は地学部に入り、大山《だいせん》など中国山地の山へ星を見るために登っていた。その後、岡山大学へと進み、ワンダーフォーゲル部に入る。これが彼にとっての本格的な山人生の始まりだ。二年生までしっかりと山の基礎と楽しさを教え込まれたというが、しかし計画のチェックなど部の規律は厳しく、自分のやりたいことができない点に限界を感じて、三年生から山岳部に転部した。

部長と副部長、それに心平と同時期に入部した1人を合わせて計4人だけの山岳部は、ワンゲル部に比べてもっといろいろなことにチャレンジできた。夏は毎年恒例の真砂沢での定着合宿。約2週間に及ぶこの合宿で、初めて心平は剱に足を踏み入れる。黒部ダムからハシゴ谷乗越《たんのつこし》を越えて真砂沢へ。途中丸山東壁下部でルートを失い、ワンビバークで真砂沢にたどり着いた。以降、長次郎谷《ちょうじろうたん》での雪訓（雪上訓練）や、源次郎《げんじろう》、八ツ峰《やみね》などの岩稜、VI峰フェース群の登攀など、大学生らしい「剱の夏」を体験する。当時の真砂沢は多くの大学山岳部でにぎわう学生天国のような場所で、合宿最終日には各大学による「裸踊り」が、まだ盛んに行なわれている時代だった。

しかし、心平にとってそんな剱にも特別印象に残る想いはなく、漠然とした「岩場の難しい山」といった程度のものだった。その後自分の小屋となる真砂沢についても「雪の多いところ」といった印象程度。ただ、曇った日に見上げた陰鬱な長次郎谷上部の雰囲気が今も忘れられない。生まれ育った山陰の冬のイメージと合わさって、厳しいなかにも何か身近な風景に見えたという。

「大先輩から学ぶべきことがたくさんある。吸収すべきことがたくさん残っている」

この合宿後心平は、その後の自らの人生に、伏線となって大きな影響を与えることになる山行を行なう。3000m峰全山を登り繋ぎながら、田子ノ浦から親不知《おやしらず》へ、64日間に及ぶ列島横断単独行である。『山と溪谷』1992年7月号のクロニクル欄に掲載されたこの旅は、「何かやってみたかった」という若者特有の漫然とした動機で始まったが、後から思えば「今に繋がるすべての始まり」だったと心平は振り返る。

「海があって、街があって、中山間地を経て高山帯へと続く。そんな人や自然との点と線の繋がりを、一続きの『面』として感じられるようになったことがすごく大きい」

さらに心平は、旅の52日目、ヘリの物輪中にたまたま居合わせた劔御前小舎《つるぎごぜんごや》で、「メシを食わせてやるから働け」と言われて作業を手伝う。一晩小屋に泊めてもらい「山に関わる生活」のほんの一部を垣間見る。そして旅を終えた10月、再び彼は劔御前小舎に戻ってくる。楽しかった旅の延長として、続きの「楽しさ」を求めて。ここで小屋閉めを手伝い、約1カ月間、ほかの若いスタッフたちと小舎で過ごした。「山に登るのとは違う別の楽しさ、山に暮らす楽しさを感じた。空間的に、時間的に山に身を置くことのうれしさを感じた」。

そしてこの時、彼の山人生に大きな影響を与えることになる佐伯和起《かずゆき》（当時の剱御前小舎経営者）と出会う。後に、心平に芦峅寺の家を紹介し、さらには剱御前小舎の支配人として招き入れる人物である。心平は「このころは山を仕事にしようとは一切思わなかったし、山に関わるつもりもまったくなかった」と振り返るが、本人の気づかぬところで、人と人を繋ぐ「縁」と、山人生に続くレールが、確実に敷かれ始めていたのだ。

大学で考古学を学んでいた心平は、卒業後、発掘調査や報告、展示施設での説明などをする埋蔵文化財関連の仕事に就く。その一方で岡山県津山市の社会人山岳会に入り、夏の剱や冬の八《やつ》ヶ岳などに通っていた。時には瀬戸内海から旭川を遡って大山に登り、阿弥陀川に沿って日本海へ下るというような、彼が学生時代にやった「旅」のような個性的な計画もあった。

このまま埋蔵文化財に関わって生きていくのだろう、と思っていた心平だが、「山に対する捨てがたい想いや、学生時代から引きずってきた、意識の下に眠っていたもの」に引っ張られるようにして、3年間務めた職場を辞めてしまう。そうして心平が頼ったのが、剱御前小舎の佐伯和起だった。和起は心平を小舎の従業員として雇い入れ、そうして、小屋開けの4月からいよいよ「山に関わる」心平の人生が始まった。26歳の春のことだった。

縁あって剱御前小舎の従業員となった心平だが、当時の支配人は1年ごとにアルバイトを変える方針で、彼もその例外ではなかった。そこでやはり「旅」の縁を頼り、翌年から南アルプスの仙水《せんすい》小屋のスタッフになる。6月から11月まで、剱御前小舎に比べるとずいぶん小さな山小屋で、規模の違いを経験する。3日に一度の生鮮品のボッカなど、すでに少なくなっていた昔ながらのスタイルや、深い森の中での生活は印象深いものだったと振り返る。

しかしこの仙水小屋も心平にとっては山暮らしの永住の地とはならず、1年後、今度は五十嶋博文が経営する太郎平《たろうだいら》小屋のスタッフになった。

ここで心平は、飯炊き、発電機、水場管理を任され、さらに大工仕事など山小屋の基礎技術を徹底的に仕込まれた。非常に厳しく鍛えられたというこの修業時代を、自らにとって「大きな時間」だったと位置づける。

「当時の太郎平小屋にはスタッフ同士で磨き合う環境があって、お互いを支え合いつつ、切磋琢磨する理想的な山小屋だった。ここで学んだ、厳しい環境の中でも生き抜く『山で生きる技術』は、その後の芦峅寺の生活でも、真砂沢でも生かされている。今の安心に繋がっている」

そんな修業環境として理想的な太郎平小屋で3年過ごした後、グループ内の薬師《やくし》沢《ざわ》小屋へ、責任者として異動する。そこでは「生命の領域の楽しさを学ぶ」谷筋の山暮らしが待っていた。

「毎日釣りをして、山菜やきのこに恵まれて、山と共に生きる喜びが開花した」

しかしそんな「山と共に生きる喜び」にあふれた環境だったものの、薬師岳と雲《くも》ノ平《だいら》を結ぶ人気ルート上にある小さな山小屋は、多くの登山者が行き来する多忙な職場でもあった。責任者という立場でこの小屋を任された心平だったが、薬師沢小屋に入って4年目、ついに小屋を辞めて山を下りる決心をする。そうして佐伯和起の紹介で移住した、芦峅寺での暮らしが始まった。

妻とともに移り住んだ芦峅寺で、心平は、山小屋で培った大工仕事の腕で自ら家を直しながら、立山山麓家族旅行村で働く。このころの、自分と剱との距離感を、「学生時代の『旅』で引かれた現在に至る伏線に沿って、人の縁に導かれながら、剱に近づいたり離れたりしながら、少しずつその距離を縮めていく感じだった」と振り返る。

2007年、心平は和起に請われ、剱御前小舎の支配人として再び山上に戻る。「古巣」に戻ったわけだが、その環境は「生命の領域」と呼ぶ薬師沢とは大きく異なり、「木も生えないような標高2750mの御前では、生き物に対する拒絶感がすごかった」。その厳しい環境を象徴するかのように、小舎の眼前には剱がそびえる。学生時代の「旅」に始まった「縁」は、剱のこんなにも近くまで、心平を引き寄せてきたのだ。

規模の大きな剱御前小舎の支配人となった心平の「山の暮らし」は多忙を極めた。目の前の剱にですら、9年間の剱御前小舎暮らしの間に登ったのは、山頂の祠を遷宮する際に、和起の名代《みょうだい》として登った1回きりだった。しかし心平はこの時期に、「立地条件が厳しい山小屋の有りようを考えた」。その考えに影響を与えたのは、和起の「山小屋はシェルターである」という言葉だ。厳しい山稜の峠に立つ剱御前小舎は、標高が高く、気象条件の変化も激しい。そのため小舎は、入ってすぐのところに休憩室があり、通過者でも悪天候を凌《しの》げる造りになっている。さらに心平の考える「山小屋の有りよう」は、「お客さんやスタッフとは何なのか」という問いを自らに投げかける。

「悪天時や混雑時はお客さんもスタッフもイラついて、そういうストレスがトラブルに発展する。快適な施設やサービスの提供はもちろんだが、そんなときこそお客さんとコミュニケーションをとり、和やかな空気を作ってストレスをなくすことが大切。お客さんが気持ちよく過ごせれば無用なトラブルも起きず、お客さんとスタッフにも信頼関係が生まれ、結果的にスタッフも楽に過ごせる。よい循環が生まれる」

太郎平小屋時代が山の基礎技術の修業時代なら、この剱御前小舎では大勢のスタッフを束ねつつ、お客とどう接するかを学ぶ修業時代だったのだ。

しかし心平にとってこの小舎の立地は、「生命を拒絶」する場所であった。長期間にわたる高山暮らしで、呼吸器に影響を受け、体調不良を訴えるようになる。高所の影響は避けられず、心平は9年間暮らした剱御前小舎を去り、佐伯謙一が経営する早月《はやつき》小屋へ移った。

心平はこの早月小屋時代に、当時の真砂沢ロッジの経営者・佐伯成司から「自分に代わってロッジをやらないか」と持ちかけられる。自らが経営者になることなどに不安もあったが、この界隈の山小屋では最も標高が低く、「生き物が普通に暮らせるエリア」であることに魅力を感じ、成司の申し出を受けることにした。学生時代の「旅」から27年もの歳月をかけて、「縁」に導かれてきた心平の人生が、ついに自分の山小屋へとたどり着いたのだ。

そうして２０１７年、「劔の内懐に抱かれた生活」が始まる。自らを「劔に対して語れるような経験、技術もなく、正直いって、劔のことを知らない」と言う心平だが、「ずっと真砂沢で生活していると、自然のいろんな変化を見られることが大きい。単に『山に登る』というのは『線』にすぎないが、山で暮らすというのは『面』的な要素が多く、さらにそこで時間を過ごすことで、山を二次元から、三次元、四次元というふうに見られるようになる。条件のいいときばかりじゃない山の変化を自分の目で見ることができる」という。だから最近のインターネットに頼りがちな登山者に対して、「情報収集ばかりでなく、あらゆる状況に対応できる基礎技術を磨いて来てほしい。特に雪や雨による変化の激しい劔ではなおさらだ」と語る。

そんな心平にとって剱は憧れや愛着のある存在ではなく、むしろ恐怖や畏怖を感じる、「無理をするとやられちゃう山」だ。

「変化の激しい自然に対して謙虚にならないと自分もやられてしまう可能性がある。そんな恐ろしい山から、どう登山者と山小屋を守るか責任を感じるし、逆にその恐怖が、大きな力にもなっている」

学生時代の「旅」に始まり、芦峅寺での暮らしとともに、今、真砂沢に「暮らす」坂本心平。そんな「剱の暮らし」について彼はこう語る。

「剱・立山、その山麓を含めて、山と人との関係を、点と線と面と、それに時間を通して感じられる環境に幸いにもいることができる。芦峅寺の人たちが長い時間をかけてごく自然に得てきたものを、体験させてもらっている。

その多くが、時間とともに今、だんだん消えていきつつあるが、その最後に残ったものを感じさせてもらっている。和起さんや剱澤小屋の友邦さん、大先輩から学ぶべきことがたくさんある。まだまだ吸収すべきことがたくさん残っている」

＊

坂本心平と僕はほぼ同時期の学生時代に山を学び、熱い真砂沢の夏を経験した。裸踊りで合宿を締めくくり、剱と酒に酔った。私的な話だが、実は僕も親不知から御前崎まで山稜を旅し、その後、社会と山の狭間で生き方を模索し、縁あって、今、山に生きている。あの夏の真砂沢から30年。今、坂本心平と、彼の暮らす真砂沢で出会えたことを幸せに思う。やはり、縁が、ここへ導いてくれたのだと感謝している。

（取材日＝２０１９年12月９日）

番外編　2

芦峅寺の異端児

剱沢を下る。平蔵谷《へいぞうたん》・長次郎谷《ちょうじろうたん》を過ぎ、南無《なむ》ノ滝を巻いて再び雪渓に下り立つと、めざす真砂沢《まさござわ》ロッジが見えてくる。遠くからは雪崩よけの石垣と継ぎはぎのようなトタン屋根が見えるだけで、小屋本体は見えない。ヨーロッパアルプスのような剱の稜線から下ってきてたどり着く、なんとも日本的ヤブ山世界。剱という山塊がもつ懐の深さを感じさせる風景だ。

真砂沢には特別な思い入れがある。それは学生時代のこと。毎夏ここが合宿のベースだった。すえたキスリングの臭い。長次郎谷のつらい登り。終わらない雪訓。剱を実感した八《や》ツ峰《みね》の鋭峰群。そして合宿打ち上げの裸踊り。僕にとって真砂沢は天国でもあり、地獄でもあり、青臭い言い方だけど情熱の吐き捨て場だった。何かとてつもなく特別な、異界だった気がする。

現在は坂本心平が経営する真砂沢ロッジだが、2003年から16年まで、芦峅寺《あしくらじ》の佐伯成司《まさし》がオーナーだった。一流のクライマーであり、ガイドであり、登山者を愛する男だったが、「芦峅寺の異端児」は、ある時山小屋暮らしに見切りをつけ、剱から去ってしまった。しかし、登山者はもとより、他の山小屋オーナーやガイドたちからの信頼も厚く、人を惹き付ける魅力溢れる存在であったことに変わりはない。かく言う僕もその一人、成司の顔見たさに真砂沢に通った人間である。そんな真砂沢ロッジの元オーナー、佐伯成司を今一度振り返ってみたい。

＊

ビーチパラソル、サマーベッド、コーヒーの看板、それになぜかピンクのパンチングボール。そんなものが並ぶロッジの前に、必要以上に日焼けした男がいた。佐伯成司、この真砂沢ロッジのオーナーだ。２００３年からこの小屋の主となった成司はこれまでに、ナンガ・パルバット、ガッシャブルムI峰、マッシャーブルムといったカラコルムの高峰や、数次にわたってマッキンリー（現デナリ）などへの遠征を行なってきた、根っからのアルパインクライマーだ。

「ルートの知識があるから状況以上のアドバイスができる。山を知っているので自分の経験でものを言える」

山岳ガイドとしても活躍する成司のアドバイスは、宿泊客のみならず、小屋を通過して行く登山者にも分け隔てなく提供されている。

「ナンバーワン」な男、佐伯成司。山から空へ、思いは尽きない

「自分にいろいろな山の経験がないと客に語れない。そうでなければ、ただの旅館の受付になってしまう」

佐伯成司は、立山信仰と近代アルピニズムを支えてきた立山ガイドの故郷、芦峅寺で生まれ育った。にもかかわらず、若いころから剱に興味をもつことはなかった。どこの誰よりも剱・立山に精通した芦峅寺に育ち、いわば由緒正しい血統をもちながら、その背後の山々を見向きもしなかったというのだ。当時の成司が向かったのは、谷川岳《たにがわ》や明星山《みょうじ》、それに丸山や奥鐘山《おくがね》といったビッグウォールだった。

「人のやったことに興味はない」。芦峅寺の人たちが向いているほうをあえて避け、自分の登山観や生き方を貫いてきたのだろう。むしろ、芦峅寺生まれだからこそ、そこにない山を求めたのかもしれない。いかにも頑固で、やんちゃな、まるで芦峅寺の異端児、とでも呼ぶべき男なのだ。

そんな異端児がめざすのは「ナンバーワンの山小屋。あったかい小屋」だ。宿泊者が到着すると、「どうぞ腰かけて。今お茶出します」と、ロッジ前のベンチに案内する。テント泊の登山者がやって来れば、「テントを張るなら山際がいいですよ、風が当たらないから。受け付けはテントを張ってからでいいですよ」と、声をかける。

「全国あちこちの山小屋で嫌な思いをした。それを自分のところでさせたくない」

自身が登山者だから当然、登山者の気持ちがわかる。だからこそ、「あったかい真砂沢ロッジ」が育まれていく。

ＪＡの職員や建設会社の現場監督、建具職人などの職歴をもつ成司。「人に使われたくない性格」なので、山小屋とガイド稼業を「こんな楽しい仕事はない」。しかし、その一方で、「ずっと山小屋で食っていこうとは思っていない」とも語る。理由は事故リスクが高いガイド業の限界と、「山以外にもやりたいことがいっぱいあるから」

この小屋を訪ねる僕に毎回、成司は「なにか大きなプロジェクトをもっているか」と聞く。答えに窮すると、「目標をもたんと！」と力強くゲキを飛ばす。自分の弱さを超えることが目標だと言う成司は今、パラグライダーで空を飛ぶことを考えている。山の世界でひととおりの成果を出し、今は興味の対象は空にあるというのだ。

＊

僕が真砂沢を後にする日。「二股まで道を見てくる」と言って、成司は雨の剱沢を下って行った。これからも、この男は熱い情熱を抱えて生きていくのだろう。「ナンバーワン」や「目標」という言葉を彼の口から聞くたびに、そう思うのだ。

（取材日＝2010年9月26〜27日）

上田幸雄

Profile

うえだ・ゆきお　1967年、愛媛県生まれ。大学時代に登山を始め、4年間を北海道で過ごす。就職を機に富山に居を移し、劔・穂高を中心に登山活動を行なう。92年、立山～水晶岳～槍ヶ岳～笠ヶ岳（単独）。96年、鹿島槍東尾根～十字峡～黒部別山北尾根～源次郎尾根～劔岳。97年、岩小屋沢岳～赤沢岳～内蔵助谷～八ツ峰～劔岳。98年、五竜岳北尾根～仙人谷ダム～ガンドウ尾根支稜～劔岳。99年、唐松岳～欅平～北仙人尾根～劔岳。2000年、硫黄岳～槍ヶ岳～北鎌尾根（単独）。01年、屏風岩～前穂北尾根～前穂高岳（単独）。02年、小窓尾根～劔岳～雄山～赤沢岳西尾根。04年、赤沢岳～丸山左岩稜～富士ノ折立～劔岳。05年、ブナクラ谷～欅平～白馬鑓ヶ岳（単独）。07年2月、岩小屋沢岳～別山中尾支稜～白ハゲ東尾根～馬場島。11年、赤沢岳～丸山中央山稜～劔岳。14年、岩小屋沢岳～十字峡～黒部別山北尾根～八ツ峰～劔岳。立山ガイド協会所属。公益社団法人日本山岳ガイド協会認定山岳ガイドステージⅡ。国立登山研修所講師。国際自然環境アウトドア専門学校講師。

黒部横断という、ある一つの登山形態がある。黒部川に沿って対峙してそびえる、裏銀座・後立山《うしろたてやま》の稜線と、剱・立山、薬師《やくし》岳の稜線を、黒部渓谷を渡って越える縦走登山だ。雪山における長期縦走と高度なクライミング技術、厳しい自然条件に対する判断など、文字どおり登山の総合力が求められる。ヨーロッパ、ヒマラヤなどでの洗練されたアルピニズムや高所登山とは大きく異なる、日本的風土が生み出す地味で陰湿で、深く多様な世界。いわば酔狂で、変質的な、「究極」の縦走である。

そんな黒部横断を、約20年もの間、毎冬のように繰り返してきた男がいる。山岳ガイド、上田幸雄がその人だ。飾らず、力まず、山に惹かれ続けて。最も身近な山、剱・黒部を舞台にして。ただ「自分がここでできることをやってみたい」という理由で、雪の黒部を繰り返し渡ってきた男である。

＊

愛媛県で生まれ育った上田幸雄。高校卒業後、「北海道に住んでみたかった」という理由で、帯広の大学へ進学した。上田は入学式後のキャンパスで、テントを張って楽しそうに酒を飲んでいる集団に出会う。おもしろそうだと思って寄っていくと、「帰れ帰れ、お前来るな」と追い払われる。余計興味をもって、結局入ってみたのが山岳部だった。もともと中学・高校時代は星を見るのが好きだったという上田。山に行けば星がきれいに見えるだろう、そんな思いもあった。

山岳部の活動は、夏は主に沢登り、ハイキングやクライミングを交えつつ、11月後半には冬山シーズンがやってくる。部の活動として道外の山へ出かけることはなく、そんな北海道の山で、登山の基本を学んだ。

一年生の沢登り合宿のとき、5人パーティの先輩1人が、源流部の涸滝で滑落、骨折してしまう。上田と二年生の先輩、ケガをした先輩の3人がその場に残り、あとの2人が山稜を越えて救助を求めた。翌日、合宿に入っていなかった山岳部員たちが彼らを迎えに登ってきて、ケガ人を背負って無事に下山した。そんな経験から上田は、事故の処理はすべて自分たちで行なうものだと思っていた。しかし山の経験を積むうちに、「救助に来たあの先輩たち、ほんとに凄かったんだな」と当時の出来事を再認識するようになった。もともと里から遠く離れ、他人の手を借りづらい地勢の山域で事故が起これば、当てになるのは自分たち自身の力でしかない。合宿時にもパーティを分散させて入山時期をずらしていたので、事故に備えることが

「どれだけ的確に間違わない判断ができるかが大事。登山って、判断すること
だから」

可能だったと振り返る。やがて冬の剱や黒部という隔絶された領域へ挑んでいくことになる上田のなかで、学生時代のそんな経験が、登山の基礎として積み重ねられていったに違いない。

ある冬の帰省の際、日本海沿いに青森から大阪へ向かう列車の車窓から、初めて剱・立山連峰を目にする。写真で姿も名前も見知った山だったが、「そんなに興味はなかった」と振り返る。雲の隙間から、ぼんやりと、ただスケールの大きな雪山の一角を垣間見て、それでも「なんだかすげえ所だな」と思った。

大学を卒業すると、上田は日本全国に事業所のある会社に就職した。生まれ育ったのが瀬戸内の愛媛、学生時代が太平洋側の帯広、じゃあ今度は日本海側の、雪が降るような所に住んでみたいと任地を希望した結果、富山の工場に配属になった。そこで地元の山岳会、富山山想会に入会する。

「山を続けるつもりはなかったが、目の前にあれだけの山があれば、もっと続けたくなった」

そうして「登りだしたら山にのめり込んでいった」のだと言う。

1990年の年末年始には小窓《こまど》尾根から剱を越えて早月《はやつき》尾根へ。91年には大明《だいみょう》神《じん》尾根から毛勝《けかち》三山を経て東芦見《ひがしあしみ》尾根へ。クライミングのパートナーを求めて、富山登攀クラブにも顔を出すようになった。

「漠然と、目の前に山が、剱があって。だからわざわざ遠くの山に行く必要がなかったし、それだけに逆に、剱に特別な想いもなかった」

就職3年目にはもっと山に行ける環境を求め、山想会のOBがやっていた鉄工所に転職する。「ありがちなパターン」と言って笑うが、これでいよいよ本格的に剱、黒部に挑む態勢が整ったのだった。

96年3月、上田は初めての黒部横断に挑む。パートナーは富山登攀クラブの先輩で、国際山岳ガイドの北村俊之だった。ルートは鹿島槍《かしまやり》東尾根から十字峡を渡り、黒部別山北尾根、源次郎《げんじろう》尾根を経て剱岳へ。春の締まった雪と天候に恵まれて、全行程を10日間で終えた。秋から鹿島槍とハシゴ谷乗越《たんのつこし》にデポを上げるなど準備をし、過去の雑誌の記録や『日本登山大系』などを読み込んでこの計画に備えてきた上田だったが、しかし、あまりに順調すぎた「成功」に、手応えのなさを感じたという。

「冬剱、雪黒部の大先輩である和田城志が何かの文章で、『成功した山は大したものではない』と語っていたが、本当にそのとおりだと思った」

そんな言葉を聞くと、成功した者の驕《おご》りだとなじりたくもなるが、しかし、だからこそ、より困難な高みをめざして向かって行くことができるのだろう。そして実際に上田は、以降毎冬のように黒部の谷を渡り続けるのだった。

「年末が来ると、恒例行事のように黒部へ向かった」

しかしこの最初の黒部横断で、彼がいちばん印象深く感じたのは、剱や黒部の険しさ偉大さなど、そんなものではなく、誰にも出会うはずのない山奥で感じた、残念な「人の気配」だった。

「牛首《うしくび》尾根を下って十字峡の手前で泊まったとき、関電の宿舎の灯りが見えた。人の気配が感じられない所に来たはずだったので、がっかりしてしまった」

北海道で登山を始めた上田にとって山は、ほとんど人工物のない場所だった。せいぜい大雪《たいせつ》山に避難小屋がある程度で、あとは道標が置かれているくらい。だから北アルプスを登るようになっても、なるべく誰もいない所、人工物が排除できる計画を求めた。そこに彼の登山思想があるといえるだろう。

「世の中と隔絶された世界のなかで、自分たちが成し遂げること。そういう場所にいること自体が楽しかった。計画が成功するにせよ、失敗するにせよ、達成感、充実感があった」

そういう上田が、黒部のなかでも最も隔絶感を感じる「ど真ん中」と考えたのが白竜峡《はくりゅう》だった。

「白竜峡や十字峡など、後戻りが難しい黒部別山東面は、一度『人里』に出てしまう仙人《せんにん》谷ダムや欅平《けやきだいら》に下ったときよりも、ずっとプレッシャーが大きい」

そのなかでも人工物がほとんどない白竜峡には「とにかく一回行ってみなければならないと思っていた」

97年、岩小屋沢《いわごやさわ》岳を越えて白竜峡からの横断を試みるものの、このときは少雪により川が埋まっておらず断念（その後、赤沢《あかさわ》岳から内蔵助《くらのすけ》谷《たん》を経由して、八《や》ツ峰《みね》、本峰を越えて早月尾根から下山）。２００７年2月下旬に再び岩小屋沢岳を下り、念願の黒部の「ど真ん中」白竜峡に下り立った。しかし、「雪に埋まった白竜峡は、あっさり通過してしまった。想いが深かった分、こんなものか」と感じたと言う。

ここでも、前述した和田の言葉を思い出さざるを得ないが、しかしその後、山行は、別山中尾根支稜から黒部別山、剱沢二股、仙人新道、さらに坊主尾根上部をたどって小黒部谷《こくろべだん》へ下り、白ハゲ東尾根を登って馬場島へと抜けている。実際に地図を見ながらこのラインを追うと、雪深い劔と黒部の奥懐で、尾根と谷を縦横無尽に行き来する行程に舌を巻かざるを得ない。

「黒部横断はだいたい劔が最終目的地になるので、何度もやっていると、どうしてもかぶる所が出てきてしまう。だから、なるべく行ったことがない所に線を引いてみたかった」

「隔絶感」と「行ったことのない所」というのが、上田が求める登山の根底にあるのが見えてくる。

一方、上田幸雄という登山家を、冬の劔や黒部横断だけで語ろうとすると語り尽くせない部分がある。彼が繰り返し行なってきた、冬季単独の長期縦走がそれだ。

「単独行への特別な想いはなく、パートナーがいなかったから一人で行っただけ。冬の劔は登山条例があるので一人では行けないけれど、自分一人でどこまでできるかやってみたかった」

と語る上田だが、その内容は黒部横断同様に常人がまねできるものではない。

92年、立山から水晶岳《すいしょう》と槍《やり》ヶ岳を経由して笠《かさ》ヶ岳。01年、屏風《びょうぶ》岩東壁から北尾根を経て前穂高《まえほたか》。05年にはブナクラ谷から欅平を経て白馬鑓《はくばやり》という、単独での黒部横断をも行なっている。そのなかでも彼自身が「隔絶感を思う存分味わえた山行だった」と振り返るのは、00年に行なった硫黄《いおう》尾根から槍ヶ岳を経由して北鎌尾根を下った山行だ。

「北鎌尾根を下りていくと、ほんとに最後の辺りで初めて人に会った。厳しい単独行のプレッシャーに追われ続けていたので、人に会えたのがうれしくて、すごく安心した」

そんな厳しい冬の単独縦走を繰り返してきた上田にとって、黒部横断や冬の剱に登るということは、実は「決してすごいことではない」のだと言う。

「黒部横断は、樹林帯から後立山の稜線へ出て、また黒部側へ樹林を下る。ラッセルは確かに大変だけど、吹きっさらしの稜線を歩くということがあまりなくて、谷の中なので、気象条件が厳しいなんてことはない。黒部別山も樹林帯の中、大変なのは黒部別山を過ぎてからどこを越えて帰るかということ。でも、北アルプスの稜線縦走はもっと厳しい。幕営地は限られるし、行動中は常に厳しい風にさらされる。だから、日本のなかでも、黒部とか剱よりも、ほかにもっとすごい山ってあるんじゃないか」

長年にわたる揺るぎない登山歴を前にして、「運がよかったから。恵まれていただけ」と語る上田だが、しかし、厳しい山行を完遂するには、「運」だけでは語りようのない「実力」を無視できない。

「厳しい所に自分があえて行っているわけだから、厳しいのが当たり前。山の中で当然やるべきことをやってきただけ。だってそれをしに行っているわけだから。それと、やっぱり仲間の存在が大きい。仲間がいたから続けてこられた」

12年、自身のこれからの山とのあり方を考えて、上田は山岳ガイドになった。それまで自分も関わってきた、国立登山研修所に出入りするガイドたちの、山のプロとしての姿勢も、その決心の後ろ盾になった。以降、立山ガイド協会の一員として、劔や穂高を中心に活躍している。

「お客さんの夢をかなえるのが仕事」と言う彼に、おすすめの劔を聞くと

「雪もたっぷりあって、天気も安定している5月末ころの劔がいい。本来の姿に近い劔が見られるから。それでいてルートも極端に難しくないし」

と教えてくれた。

プロガイドとして夏の劔に行くことが増えたという上田だが、最近は、何も持た

ない丸腰であったり、遅い時間帯に登って来たりする登山者が目につくという。「地元のガイドとして見て見ぬふりはできない」。登山者の見た感じや、持ち物、歩き方などを見て、その行動を注意することもある。

また、登山研修所や専門学校の講師も務める彼は、学生たちに、「自分の力の許容範囲の中で」、と断ったうえで、「できるだけ条件の悪いときに山に行くこと」をすすめている。

「条件の悪いときに山に行っておけば、自分がどれだけ耐えられる人間なのかがわかるし、装備とかウェアの弱点も見えてくる。天気のいいときにだけ登っていても自分の力にはならない」

だから上田は「長期間の山に行け」と言う。

「一週間の山だったら、夏だったら雨も降るし、冬だったら吹雪かれてラッセルしなければいけないときもある。予報も一週間先は変わるから、今の予報が悪いから行かないのではなく、とりあえず行ってみたらいい。そこで判断をして、だめだったら戻ればいい。山は体力があれば登れるというものではなく、どれだけ的確に間違わない判断ができるかが大事。登山って、判断することだから」

「後立山を登って来て、剱がどんと見えたとき、ああ、あすこまで行くのか、また始まっちゃったなって、がっくりくる」

*

黒部横断と、冬季単独長期縦走。いわば2つの究極の登山を、決して驕ることなく、強い意志をもって、山に恋い焦がれながら続けてきた男は、雪の後立山の稜線に立ったときにそう思うと言う。そしてそんな、黒部越しに遥か眺める剱が、いちばん好きだと言うのだった。

（取材日＝2020年2月6日）

番外編3

黒部の道直し

Profile

ささき・いずみ　1960年、富山県宇奈月生まれ。富山県警察山岳警備隊を経て、93年から阿曽原温泉小屋代表。黒部周辺の道整備にも深く関わる。

剱・立山連峰と後立山連峰に挟まれた深く険しい谷、下《しも》ノ廊下《ろうか》。降雪や雪崩で埋め尽くされたこの谷は、夏になっても登山者の通行を許さない。そのため、下ノ廊下の通行期間は秋季に限られている。残雪が多い年などは開通時期が遅れ、通れても一〜二週間のみ、下手をすればまったく通れない年もあるほどだ。

秋の遅くになっても谷底から消えることのない残雪は、岩壁を削るように落ちてきた雪崩の痕跡だ。10月末に、標高1000m前後の谷底で、荒れた氷河のような様相で残る雪渓を見たとき、この黒部に落ちる雪崩の脅威をいつも感じさせられる。それは、簡単に登山道をも破壊してしまうほどの巨大な力。だから毎年、桟道や手すりのワイヤーなどは雪崩に吹き飛ばされて、シーズンごとに補修が必要になるのだ。

その作業は、毎年行なわれている。夏の盛りに、人知れず、黒部の谷底で。やがて行き交う登山者の姿を思い浮かべながら、限られた男たちの手によって。

「桟道が根こそぎなくなっているのは、おそらく高いところからの一発目の雪崩で吹き飛ばされている。それが出る前に、深々と雪が積もってガードされてしまえば、あとは重さがかかるだけなので、傷みはするが、案外、道は残るのではないかと思う」

そう語るのは阿曽原《あぞはら》温泉小屋の従業員、中山浩一だ。中山は、黒部の登山道整備に精通した「チーム阿曽原」の現場責任者。いわば道直し実行部隊の隊長だ。

今朝、大町の宿舎を出た作業員7人は許可車両で関電トンネルを抜け、黒部ダムから谷に入った。途中、草刈りなど別行動をとる立山建設の3人と別れ、この現場まで走るようにしてやってきた。黒部別山谷出合の手前、屏風《びょうぶ》岩の大ヘツリ付近。ダムから片道約1時間30分。これが彼らの「通勤」である。

「自分たちが毎日通って、補修作業をしているわけだから、ここのことはいちばんよくわかる。下ノ廊下の開通を心待ちにしているお客さんに情報を流すという意味でも、これはいいことだと思っている」

下ノ廊下、そのうち黒部ダムから仙人《せんにん》谷ダム、いわゆる旧日電歩道部分の補修作業は、関西電力から黒部別山谷を境に、上流を立山建設、下流を黒部市の業者が請け負っている。立山建設は、立山室堂《たてやまむろどう》山荘の佐伯千尋が経営する建設会社。「チーム阿曽原」の登山道整備の実績を知る千尋が、一緒に作業をやらないかと彼らを誘い、一部を委託しているのだ。

岩壁を穿ち作られた、狭い下ノ廊下で丸太を運ぶ仁王像のような「大仏」さん

「新越沢《しんこし》から先の部分で、桟道整備をだいたい2週間、4人で作業している。それ以外に、手すりの番線張り、草刈り、土砂の撤去なども合わせると、日数、人数ともにもう少し必要な作業になる」

現場に着いた4人はこれといった打ち合わせもなく、淡々と自分たちの作業にかかる。なにしろ往復の通勤時間を考えれば作業時間は限られているし、幅が人ひとり分ほどしかない道の上で、のんびり打ち合わせもないだろう。そしてなによりも、自分たちのすべきことを、すでに充分理解しているのだ。

「道を長持ちさせようという意識をもって作業をしていると、何かひらめく。やっつけ仕事でやったようなものはすぐに壊れるけれど、ちゃんと考えてやったことは長持ちする」

前日に架け替えられたのであろう、真新しい桟道の先には、痛々しく崖に垂れ下がるようにして、雪崩に飛ばされた古い桟道が引っかかっていた。

壊れた桟道を撤去する。ハンマードリルで岩に穴を開け、鉄筋アンカーを打ち込んで、そこに土台を組んで固定する。その上に、長さを合わせて切った丸太を渡し、やがて新しい桟道が出来上がっていく。

不安定な岩場で丸太を渡し、徐々に新しい道が出来上がっていく。残暑厳しい黒部の谷底で、人知れず、道直しが行なわれている

一日の作業を終えた「働く黒部の山男」。汗と泥、そして黒部の匂いを染み込ませた男たちは、マジでカッコいい

「作業をしているときは気づかないこともあるけれど、直したところを、登山者が歩いているのを見て心配になることがある。作り直さないといけないと思うことがある。ハシゴの開き具合とか、手すりになる丸太の幅だとか、使う人の身になってみて初めて、何が大事だかがよくわかる」

すべての作業はもちろん、際どい崖っぷちで行なわれる。道がなければとても通れないような場所で、その道を作るというのは、想像以上に困難なはずだ。

「作業でいちばん気をつけているのはやっぱりケガ。自分の身は自分でしか守れない場所だし、みんな言われなくても自分のことができる連中だ。自分の確保をきちんとしていないと、何かあったときに人に迷惑をかける。自分が落ちることで人を巻き添えにしてしまう」

中山のほか、白馬方面の民間救助隊員などで構成されるメンバーは、すでに数多くの黒部の現場をともにしてきた、信頼できる熱い仲間だ。

その仲間から「大仏さん」と呼ばれる中山。富山大学時代にバイトで入った剱沢の野営管理場でつけられたあだ名だというが、彼をひと目見れば本名よりも、思わず「大仏さん」と声をかけたくなるのもうなずける。

その大仏さんが、6mもの長さの丸太を担いで、黒部の崖をやってくる。その姿は大仏というよりも、むしろ、逞《たくま》しい仁王像のように、緊張感に溢れ、恐ろしく、厳しい。この黒部のように、人の手に頼るしかない現場では、文字どおり、人の力がすべてであると思い知らされる。

丸太を運び終わり、仁王像から再び大仏さんに戻った中山は、黒部での仕事をこう言った。

「体力的にはきついけど、おもしろいっすよ」

秋、下ノ廊下を歩くとき、桟道のひとつひとつ、巻かれた番線の一本一本に込められた、彼らの思いと、彼らが流した汗に、感謝を忘れずにいたいと思う。

＊

「黒部は独特だと思う。山は深いけれど、谷底は標高が低くて雨がよく降る。そしてヤブがすごく濃い。クマザサなんかはものすごく太い。笹ヤブに入ると地面に足が届かないくらい密生している。ヤブとヤブの間をかき分けてヤブこぎをするけれど、体が引っかかって進まない。足が地面に着かず、踏ん張りが利かない」

阿曽原温泉小屋の主人・佐々木泉は黒部の印象をこう語る。

黒部渓谷。そこは、北アルプスらしい爽快な高山のイメージとは裏腹に、激しい降雨と雪崩、そして強烈に繁茂するヤブなどによって年々様相を変える谷。そんな「生きている黒部」とでも呼ぶべき谷筋につけられた登山道を整備し、ときには新たな道作りを進めてきた男たち「チーム阿曽原」がいる。その中心的役割を担ってきたのが、この佐々木泉だ。登山者の安全を第一に考え、変化厳しい黒部の現場に仲間とともに挑み続けるこの立役者に、黒部での登山道整備について話を聞いた。

*

富山県警察山岳警備隊員を13年間勤めた泉が、阿曽原温泉小屋のオーナーになったのは1993年のこと。警察官という仕事を続けることに悩みを感じはじめたころ、山小屋が売りに出されているのを知って、小屋主になる道を選んだ。

「小屋を始めた当初は、阿曽原から仙人池までの道整備を、ひとりでコツコツとやっていた」

当時、白馬岳《しろうま》から祖母谷《ばばだに》温泉へ至る登山道など、黒部周辺の道整備は地元宇奈月《うなづき》

「チーム阿曽原」の中心的役割を担ってきた佐々木泉

出身のガイド・高嶋石盛の手によって行なわれていた。高嶋は剱沢大滝単独登攀などで知られる黒部の名ガイド。だが、94年に日本シッキム・ヒマラヤ登山隊の一員として遠征したツインズ峰で、初登頂後に遭難してしまう。

「その後、黒部周辺の道整備を誰もやる者がいないということで、わしらがやることになった」

阿曽原温泉小屋の小屋主として黒部に入った泉だが、その後の経緯はまるでそれが必然であったかのように、彼を黒部の「山仕事」へと誘う。

95年は水害により小屋の営業ができず。96年は大雪のために下ノ廊下が開通せず。さらに2002年には黒部峡谷鉄道が岩盤崩落による鉄橋事故で一年間にわたって不通。この年も小屋の営業はできなかった。

そういった出来事に対して泉のとった行動は、日本各地から山のできる仲間を集い、災害による復旧・調査・整備などの仕事を請け負うことだった。

「96年に唐松《からまつ》から祖母谷間の登山道の補修工事が入り、これをシーズン通してずっとやっていた。下ノ廊下が開通せず、登山客が少なかったのはラッキーだったし、そういった巡り合わせだったのだと思う。初めての本格的なこの仕事は、難しい内容ではなかったので、工事を覚えるいい機会になった」

その後も祖母谷温泉から白馬鑓《はくばやり》へ延びる中背尾根に管理道を切り開いたり、東《ひがし》鐘釣《かねつり》山の岩盤崩落現場の調査・補修工事などをしたり、本業の山小屋仕事ではない「山仕事」は途切れることなく続いた。泉は、それらの現場で本格的な工事を請け負っていくだけのノウハウと、そして、なによりも「チーム阿曽原」と呼ぶべき仲間を得ることになった。

泉を慕い、集ってきた仲間は各山域の民間救助隊員やガイドたち。山の救助技術・知識・経験、黒部のヤブをこぐ技術、それにボッカ力と体力をもつ強力な連中だった。

「絶えず落石や転落などの危険がある現場で、これまでケガ人をひとりも出していないのは、本当にすごいことだと思う。そんないい仲間が、人が人を呼ぶ、いうならば人間のネットワークで集まってきてくれた」

そう話す泉だが、この過酷な黒部にいい仲間を引き寄せているのは、ほかならない泉自身の魅力のためだろう。

「昔はとにかくすごかったんですよ、泉さんは。今もすごいけど。今の警備隊の人たちは華奢な人が多いけど、昔はタテに圧縮したようなゴツイ人たちばかりで、そのなかでも泉さんは特に目立っていた。いつも人の倍の荷物を担いでいて、とにかくあの足腰の強さはすごかった」

そう語るのは前出、阿曽原温泉小屋の中山だ。泉の右腕とでも呼ぶべきこの中山も、他ならぬ、泉にスカウトされた一人である。

「冬に早月小屋のバイトをしていたら、急に泉さんがヘリで現われて、警備隊を辞めて阿曽原を始めることになったからお前も来いよ、と誘われた」

そんな泉、いや「チーム阿曽原」にとって「山仕事」の集大成とでも呼ぶべき仕事がある。06年に開通した雲切《くもきり》新道である。

仙人温泉から阿曽原へ下るルートは、もともと仙人谷をたどるものであった。しかしここは、崩壊激しい雪渓上をたどるルートで、以前から遭難事故が絶えない、泉によれば「欠陥ルート」であった。

「7月の10日間だけで7件もの遭難事故が発生した年もあった。剱に比べても断然事故が多かった」

事故は雪渓が不安定になり始めた10日から2週間の間に相次いで発生するという。

そのため泉は、「毎日、阿曽原から仙人温泉下の雪渓の様子を見に通っていた。午後3時ごろまで現場に張り付いていて、それから走って帰ってきて、夕食の準備をしていた」。

標高1500m前後での暑さや降雨は、激しい変化を雪渓にもたらし、日々不安定なルート状況が生まれていく。

「それまで黒部の雪の状態を見続けていたおかげで、雪渓の変化を見抜く『雪を見る目』を身につけていた自分だが、そういう目で見ても判断つかないような不安定な状態のときもあった。やっぱり仙人谷の雪渓はダメだと思った。怖いと思った」

さらに、仙人温泉下の登山道があった斜面が崩れ落ち、以降、そのための高巻き道作りと、さらなる崩壊が繰り返される。そのため泉たちは、仙人谷からもっと高い位置にルートを付け替えようと、坊主山の尾根と斜面を調査するが、結局、急斜面と巨岩に阻まれて断念せざるをえなかった。

「山をなめるようにして調べた。しかし、どこを探してもいい所がなかった」

イタチゴッコのように繰り返される、崩壊と整備、そして事故。なんとかその状況に見切りをつけようと、泉はそれまで手をつけてこなかった仙人谷右岸の尾根に目をつける。03年のことであった。

「樹木や下草が生い茂る前の残雪期、猛烈なヤブと格闘した夏、見通しは利くが仙人谷が凍る冬枯れの時期に、付近の山域一帯をくまなく歩き回り、この尾根にしかルートはつけられないと判断した」

厳しい黒部の自然と対峙しながらの調査は3年にもわたった。そうして切り開かれたのが、現在の雲切新道である。

「黒部は谷底から登ってくるときつい所ばかり。ヤブが濃いので、2m隣にいいルートがあったとしてもそれがわからない。いいなと思って進んで行っても岩にぶつかったり、崖に出てしまったり、とにかく行ってみなければわからない。今歩いたら10分、20分の所を、ヤブをこいだら2時間とかかかった」

猛烈なヤブや、不安定な下草との格闘。斜面の崩落や落石。急峻な山肌にへばりつくようにしての危険な作業だった。

「本当に苦労して苦労して作った道。これができたのは、技術や人脈、それまでの経験があったからで、これを作らせるために、今まで練習させられていたのではないかと思うほどだった」

そうして完成した雲切新道を、泉は「集大成」と言う。この登山道は、なにより も登山者の安全を第一に考えた泉の、まさに血と汗と涙の結晶にほかならない。こ の道を行き来するとき、我々登山者は、彼の熱い想いと行動に感謝することを忘れ てはならないだろう。

では、いったい何が、本業ではない黒部の「山仕事」に、泉を向かわせるのだろ うか。

「山でケガをした人、死んだ人をいっぱい見てきた。山の事故の原因というのは、 疲れや集中力のなさから、滑ったり転んだりすること。それなら、できるだけ歩き やすい道にしてやればそういった事故は絶対減る。だから自分たちががんばれば、 ケガ人や、泣き顔を見ることがなくなっていくよなと思った。じゃ、できることを やってやろうと。それがだんだんエスカレートしてこの道作りになった」

登山者の安全こそが、泉にとって、また「チーム阿曽原」にとってもめざすこと にほかならない。

「草刈りとか、補修作業とかやっていると、通りがかった登山者が『ありがとう』 とか『ご苦労様です』と言ってくれる。『ありがとう』って言われれば、またがんばろう、って思う。ありがとうをいっぱい言ってもらいたいから、がんばってつらい作業をやっている」

＊

佐々木泉はかつて警察官だった。山岳警備隊員として多くの命を救い、そこでもいっぱい「ありがとう」と言われた。だが一方で、法律を守る職務柄、嫌なものを見ることもあったし、つらい思いもしたという。

今、彼は黒部で、「ありがとう」と言ってもらうために、仲間とともに過酷な現場に出向き、登山者の安全に気を配り続けている。

だから、泉にとって黒部とは、

「ありがとう、と言ってもらえるところ」

少しはにかみながら、彼はそう答えるのだった。

（取材日＝２０１１年８月29〜30日、２０１２年７月11日）

おわりに

「やっぱり近い裏山だよ」

剱岳北方稜線の毛勝《けかち》三山や僧《そう》ヶ岳を「ふるさとの山」と仰ぎ見る富山県魚津市で生まれ育ち、長く剱・立山に遊び暮らしてきた佐伯郁夫は言う。

「剱という山は好きだったよ。そもそも俺は自然のなかで遊ぶことが好きだった。近くに剱という山があり、そういうことに恵まれていた。剱っていうのは俺にいい遊び場を提供してくれた。剱を通じていろんな人との関わりができたし」

僕が「剱人」という存在を感じたのは、この佐伯郁夫に剱澤小屋で出会ったのが始まりだ。その弟である邦夫とともに、いわば剱の語り部とでもいうべき二人。この二人が、剱や北方稜線という山塊で生きてきた時代や時間を、しっかりと僕自身の心に留めておきたいと思ったのが、その後、「剱人」たちを訪ね歩くことになるきっかけだった。

邦夫の著書に、『会心の山』という本がある。僕が学生時代に手にして、それ以来何度も繰り返しページをめくってきた本だ。北方稜線はもちろん、黒部川下流域の山々などで展開される、「地味な山行」はどこかあたたかくて切なくて、読後には必ず山へ行きたくなる。

「もっと謙虚に日本の山をみつめねばならないかもしれない。ヒマラヤに憧れて、氷と岩へファイトを燃やすのもよいが、それと一緒に森と渓谷のさびしさにたえながら、日本の山を本当に愛せるようにならなければならない」（佐伯邦夫著『剱岳をどう登るか』より）

兄・郁夫とともに、魚津高校山岳部や魚津岳友会などで剱を舞台に先鋭的アルピニズムを実践する一方で、『会心の山』を繰り返し求めてきた邦夫の登山。それは、剱や北方稜線におけるもうひとつの領域を強く意識させるものだろう。

その領域とは、この山塊が発する得体の知れない奥深さや、独特の厳しさが生む逃れようのない現実と、それゆえに漂うロマンチシズムのようなもの。つまりアルピニズム、という一言では決して語りきれない魅力が、剱にはあるのだと思う。それを「剱人」たちの言葉を借りるなら、「雪」や「自然」「風土」といった表現に置き換えられる気がする。

「ひとつの山であれだけバリエーションが詰まっている山はない。雪がめちゃめちゃ多くて、懐が深い。谷も深い。そういうことを知れば知るほど、凄いところなんだな、と思う」

そう語るのは、早稲田大学山岳部、富山県警察山岳警備隊を経て、立山ガイド協会所属の山岳ガイドとして活躍してきた稲葉英樹だ。稲葉は過去に2度ヒマラヤ8000m峰の頂上に立ち、登山家、ガイドとしても充分な実績をもつ。しかし、その稲葉をもってして、剱岳はこう彼に言わしめる。

「淡々とゲストの要求に応えることはできるけど、胸を張って剱をガイドするときには、自分が完全燃焼できるようなルートで剱を登りこんでおければよかったなあ、と思う。ガイドとして剱を語るには、もっと剱を登らないといけない」

冬と春に、黒部と北方稜線から、合わせて14回剱の頂上に立ったことのある登山家・和田城志の言葉はこうだ。

「剱はきっと、緊張感の持続を求める、自然本来の姿をもってるのやろな。それは黒部も一緒やけれど。つまり、人が来ない所や。人を緊張させるものをもっている。劔にはそれが多い。それは劔という山の、尖った山のフォルムからきているのではなく、日本海がすぐそこにあるという立地や。大陸の気団と、日本海の湿気がぶつかるちょうどそこに山がある。その3つででき上がっている。だから劔と穂高《ほたか》は違う。僕は風土という言葉がもの凄い好きなんやけど、土は陸、あるいは岩って書いてもかまわんと思うけど、風って大気やんか。だから劔という風土なんや。劔という風土と穂高という風土は違うんや」

「そりゃもうね、豪雪に遭ったらわかるよ。根性があるとか、力があるとか、経験が豊富やからって、それで解決するもんやないもん。しんしんと降り出したらどうしようもない。自然の威力そのものを感じるときには、そこに経験とか、知識とか、体力とか、技術とかをもち出すこと自体が無意味なんや」

和田同様に、冬劔・雪黒部に通い続ける元明治大学山岳部監督・山本宗彦の語る劔も、やはり「雪」と「自然」なしには表現しえない。

「どんなに装備、技術が進歩しても、あれだけ雪に降られたらなすすべがない。そういうなかで、いかに我慢できて、耐えて、生き延びられるかが大事。装備や技術だけでは対処できない山のひとつ、それが剱岳だ。だから、自然とは闘う対象ではなくて、常に謙虚に接しなければいけないと思う。自然の都合のなかで遊ばせてもらっているという気持ちを忘れてはならない」

そんな冬の剱や黒部がもつ、「自然本来の姿」に惹かれたのが山岳ガイド・上田幸雄だ。

「世の中と隔絶された世界のなかで、自分たちが成し遂げられること。そういう場所にいること自体が楽しかった。計画が成功するにせよ、失敗するにせよ、達成感、充実感があった」

そんな想いが、和田同様に上田を、幾度にも渡る黒部横断や、冬の北方稜線へと駆り立てていったに違いない。

一方、山岳ガイド・多賀谷治が語る「雪」は、剱における大事なキーワードである「芦峅寺《あしくらじ》」の存在を伝えるものでもあった。

「芦峅寺の人たちは山の先生よ。クライマーは取り付くまでは雪を見ているけど、取り付いたらもう、走って逃げればいい、みたいなそういうところがある。でも、芦峅寺の人たちは、熊撃ちで、味噌だけ持って、何週間も山に篭っているから『雪を見る目』というのが身についている。それは、難しい壁を登ったからとか、高い山登ったからとか、そういうことでは身につかない」

立山ガイドのふるさと「芦峅寺」。この伝統ある土地に生まれ育ち、剱沢で剱岳に見守られつつ、同時に登山者を見守り続けてきたのが、剱澤小屋の佐伯友邦だ。父・文蔵から小屋を受け継いだ友邦は、度重なる雪害に苦しみながら小屋を守り続けてきた。2008年には別山側からの圧雪を避けるため、小屋の規模が小さくなることを覚悟のうえで、現在の場所に小屋を移築した。

「山の雪崩はどういう動きをするかわからない。昔の人はうまいところに小屋を建てたものだ。そのことが山小屋に入って50年近く経ってわかった。これは、山に入って痛い目に遭って、そうして学習したことだ」

先人の知恵、自身の経験と学習。そうして友邦は、ひとつずつ剱を知っていく。

山や自然の力を学んでいく。決して力ずくで自然と対しようとはせず、その力の大きさや動きを理解し、自然界に許される隙間に身を置かせてもらうように、生きている。それは、先の和田城志や山本宗彦が言う、「自然」との対し方とまったく同じだ。自然に対して、至極謙虚なあり方だと思う。

「劔から学ぶことがほんとにいっぱいあった。それは、たとえていうなら生きる厳しさだ」

そして今、その息子・新平が、友邦の「劔から学んできたこと」を受け継ぐ。

「山小屋は『脇役』。お客さんをサポートするための場所。それは絶対忘れたらだめなこと」

新平にとっていちばん大切なのは「人と人」だという。お客さんを大切にする。従業員を大事にする。父・友邦がいちばん気にかけてきた登山者の安全、母・里子が大切にしてきた宿泊客への心遣い。そんな家族が生み出す「安心」が、劔澤小屋に受け継がれている。

また、友邦が劔から学んだ「生きる厳しさ」は、自身が相対してきた自然の厳しさだけではない。遭難事故という、避けられない悲しい現実も、剱がもつひとつの顔である。

「遭難現場を数多く見るうちに、常に事故を意識するようになった。どんな場所でも『事故が起きない』のではなく、『起きるかもしれない』という考えを絶えず自分のどこかにおいておかなければいけない」(友邦)

友邦の言動の中に生き続ける、立山ガイドの精神。これを受け継いだのが、元富山県警察山岳警備隊長・谷口凱夫であった。

「落石や雪崩の危険があっても、そこに助けを求める者がいれば、最大限の安全対策をとって入らなければならない。それができなければ警備隊は務まらない。救助する満足感、達成感を感じる半面、剱岳という山が好きで、剱岳で人を死なせたくないという気持ちを人一倍もっている。剱岳を仕事場にして働けて、幸せだったと思う」

そう語る谷口は、佐伯文蔵や栄治といった、その時代を代表する芦峅寺の立山ガイドたちの姿を見て、自らが体を動かし、その場に入ることで、現在の富山県警察山岳警備隊の基礎を築き上げていったのだ。

「死亡事故が繰り返し起きて、こんなに人が山で死ぬのはおかしいと思った。ただ山が好きなだけだったらこんな仕事はできない。どこかで冷めたところがないと務まらない」

数多くの「山の死」と対峙してきた山岳ガイド・本郷博毅。だから彼は、自らがガイドになることで「山の死」を減らすことに努めてきた。そんな彼にとって剱岳は、

「ガイドをするのに覚悟がいる。すごく緊張する。普通の山じゃない」

また、芦峅寺に移り住んだ「剱人」もいる。

その一人、真砂沢ロッジのオーナー、坂本心平は、

「剱・立山、その山麓を含めて、山と人との関係を、点と線と面と、それに時間を通して感じられる環境に幸いにもいることができる。芦峅寺の人たちが長い時間をかけてごく自然に得てきたものを、体験させてもらっている」

心平は、山小屋のみならず、雪の扱い方、山菜採り、狩猟などを、芦峅寺の先人たちから学び続ける「山人」である。

「剱岳は男のなかの男のような存在。腰を据えて取り組まなければ撮れない山だ。もし芦峅寺に住みながら、この山を撮らなかったらものすごくつらく、寂しい。なぜ撮らなかったのかと後悔するだろう」

そう語るのは、1989年から芦峅寺に暮らす、山岳写真家の高橋敬市だ。

「立山連峰の中心に剱があって、その頭上に北極星がある。自分も星と同じようにこの山を廻り歩きたい。人間の心はいっぱいあるけれど、魂はひとつだけ。自分にとって剱は魂の山だ」

僕自身、学生時代にこの剱岳という山に出会い、その後、細々とではあるが、自らの方法で、この山と付き合ってきた。登山者として。写真家として。つたない物書きとして。

そして今回「剱人」と呼ぶべき男たちと相対して、改めて剱岳という山が僕の心に浮かび上がったのは、表現の場としての存在、という感覚だった。写真家として、つまり表現者として山麓に移り住んだ高橋敬市はもちろんだが、登山家や山岳ガイドといった各々が、この剱岳という山で、表現活動とでも呼ぶべき登山行為をするために集っている。彼らにとって剱岳という山が、表現活動をするのにふさわしい山、と言えると思うのだ。

たとえば、「自由」こそが山登りの魅力と語る、多賀谷治。彼が剱岳に惹かれて、現在この山の山麓でガイドとして生きているのは、彼が語る「自由」の表現をこの山塊において実践できるからにほかならない。

また、「完全燃焼」という想いで、剱岳に焦がれる稲葉英樹の言葉も、表現者としての現われに違いない。

同様に、毎冬のように、北方稜線の名もなき尾根から、剱への縦走を試み続ける山本宗彦。彼が学生時代から実践し続ける「地形図を読んで計画する登山」も、この懐の深い山岳地帯にふさわしい表現行為そのものといえよう。

さらに、登山家として、作家として、長く剱岳と生きてきた佐伯邦夫は、「剱岳は見るものを引き付けて止まない山だ。それは大伴家持の天平の昔も今も少しも変わらない」

と語る。彼の「見るもの」という言葉を、「表現するもの」と置き換えてもいいはずだ。

そして和田城志の言葉。

「アルピニストは、山っていうキャンバスに、ただ筆を加えるわけだけど、そのときに、剱岳なら剱岳が指し示すような登山を描きたい。黒部とか、厳冬の2月とか、そういうことを頭の中で思い描く。それを、山を登る側の人間の『創作』っていうんや」

そしてその「創作」をするに値する山、ふさわしい山。それが剱岳という山なのであろう。

登山の魅力はアルピニズムの実践ということだけでは語れない。そこにどれだけ創造性があるのか。剱岳は、いまだにその可能性を多く秘めている気がする。だからこの山は人を魅了し続け、この山には「剱人」たちが集うのではないだろうか。

初出

はじめに　『ワンダーフォーゲル』２０１４年６月号
「劔人」第1回〜第9回　『山と溪谷』２０１１年４月号〜12月号
「続・劔人」第1回〜第3回　『山と溪谷』２０２０年５月号〜７月号
番外編1、2　『ワンダーフォーゲル』２０１１年６月号
番外編3　『ワンダーフォーゲル』２０１２年10月号
おわりに　『山と溪谷』２０１２年７月号

＊「佐伯新平　家族の山小屋その後」は書き下ろし。
＊一部、加筆修正をしています。
＊文中敬称略。
＊プロフィールや本文中の肩書などは原則的に初出時のものです。

ブックデザイン＝成田琴美（エルグ）
地図制作＝株式会社千秋社
編集＝神谷浩之（山と溪谷社）

星野 秀樹（ほしの・ひでき）

1968年、福島県生まれ。同志社山岳同好会OB。厳しい自然に分け入る行動力と、自然を深く読み解く知識、そして豊かな自然を表現する感性をもつ写真家をめざして山に向かう。ヒマラヤ、天山山脈などで高所登山、北米のウィルダネスなどでバックパッキングを経験する。2015年、北信州飯山のブナ茂る豪雪の山村に移住。剱岳や黒部源流域、上越・信越県境の山を中心に活動。最近は自然撮影のみならず、山岳地帯や里山に生きる先人たちにも惹かれ、その言葉に出会う旅も続けている。著書に『ヤマケイアルペンガイド 北アルプス 剱・立山連峰』『雪山放浪記』『上越・信越　国境山脈』（すべて山と溪谷社）がある。

劔人《つるぎびと》 劔《つるぎ》に魅《み》せられた男《おとこ》たち〈増補文庫版〉

二〇二〇年八月一日　初版第一刷発行

著者　星野秀樹
発行人　川崎深雪
発行所　株式会社　山と溪谷社
郵便番号　一〇一―〇〇五一
東京都千代田区神田神保町一丁目一〇五番地
https://www.yamakei.co.jp/

■乱丁・落丁のお問合せ先
山と溪谷社自動応答サービス　電話〇三―六八三七―五〇一八
受付時間／十時～十二時、十三時～十七時三十分（土日、祝日を除く）
■内容に関するお問合せ先
山と溪谷社　電話〇三―六七四四―一九〇〇（代表）
■書店・取次様からのお問合せ先
山と溪谷社受注センター　電話〇三―六七四四―一九一九
ファクス〇三―六七四四―一九二七

フォーマット・デザイン　岡本一宣デザイン事務所
印刷・製本　株式会社暁印刷
定価はカバーに表示してあります

Printed in Japan ISBN978-4-635-04888-0